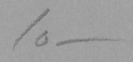

Ilse Weber/Kunsthaus Zürich

ILSE WEBER

«WIE EINE LANDSCHAFT»
ZEICHNUNGEN, AQUARELLE UND GEMÄLDE

mit Beiträgen von
Hans-Jörg Heusser, Theo Kneubühler, Guido Magnaguagno und Hugo Suter

KUNSTHAUS ZÜRICH

Diese Publikation erscheint anlässlich
der Ausstellung Ilse Weber im Kunsthaus Zürich
vom 15. März bis 10. Mai 1992

Buchkonzept: Hugo Suter und Peter Zimmermann
Graphische Gestaltung: Peter Zimmermann
Photos: Jean-Pierre Kuhn und Friedrich Zubler
Satz: TypoVision AG, Zürich
Lithos: Franz Horisberger AG, Niederglatt
Druck: Buchdruckerei Buchs AG, Buchs/SG
Einband: Buchbinderei Burkhardt, Mönchaltorf

© 1992 by Kunsthaus Zürich, Offizin Zürich
und den Autoren

ISBN 3-907495-31-4

INHALT

6 Guido Magnaguagno
VORWORT

8 Hans-Jörg Heusser
ABSCHIED VON DER IDYLLE –
ILSE WEBER UND DIE NEUERE SCHWEIZER KUNST

23 BILDTEIL I

53 MATERIALHEFTE UND ZEICHNUNGSBÜCHER

85 BILDTEIL II

126 Theo Kneubühler
VERWANDTE PAUSEN

129 Hugo Suter
GEZEICHNETE DRÄHTE ZEICHNEN GEGENSTÄNDE
AUS EINEM BRIEF

133 BIOGRAPHIE

VORWORT

von Guido Magnaguagno

Das seit 1984 abgeschlossene und nun erstmals überblickbare Werk von Ilse Weber passt nicht nur für Hugo Suter, der dieses Buch als »künstlerischer Nachbar« massgeblich konzipiert und gestaltet hat, nicht in die »landesüblichen Gepflogenheiten und kunstsektoriellen Gebietsansprüche«. Weil es sich so schwer »einordnen« lässt, ist anzunehmen, dass es seinen eigenen »Ort« hat. Stilgeschichtliche Verspätung, Spät-Zeit überhaupt, ein Namenpotpourri von Karl Hügin bis Max Ernst, Regionalismus oder Internationalität sind zwar zweifellos Behelfsmittel, dieses so erstaunliche und seltene Vorkommnis zu begreifen, dass eine Künstlerin fünfzig werden musste, um zu sich selbst zu finden und gleichzeitig einer ganzen Generation den Weg zu weisen, sie erklären aber nicht das Wunder dieser »Fürsichblüte« (Theo Kneubühler). Ilse Weber zeigte den Jünglingen der sechziger Jahre beispielhaft, dass eine »Individuelle Mythologie« mehr als ein modisches Schlagwort war: dass man zeichnend das eigene Leben abtasten und vielleicht begreifen konnte, dass das »innere Erleben eines Individuums« künstlerisch fruchtbarer war als das scheintote Patriarchat der fünfziger Jahre. Mit ihrem Werk und dessen Wirkung war die Schweizer Kunst anders als vorher. Und dieser auch von Hans-Jörg Heusser postulierte Wandel wird mit dem Erscheinen von Kneubühlers »Kunst: 28 Schweizer Künstler«, Luzern 1972, manifest.

Wenn nun dieses Buch neben dem Namen der Künstlerin zusätzlich einen Bild-Titel mit sich führt, so bezeichnet er zum einen die wesentliche Veränderung, die Ilse Webers »Bildrätselwelt« (Heusser) zwischen dem Gemälde »Wie eine Landschaft«, 1961, und der auch von Heusser aufürlich besprochenen Zeichnung »Herrenberg«, 1971, erfahren hat. Dieses »wie« scheint stellvertretend im Sinn der offenen Räume visueller Erfindungen, der Reisemöglichkeiten ins Innere, »wo man mit dem umgeht, über das keiner Gewalt hat« (frei nach Kneubühler). Dass diese innere Landschaft so zauberhaft geschmückt werden konnte, das zeigt uns Hans-Jörg Heusser in seinem Essay, indem er die konventionelle Ateliermalerei, die Ilse Weber wohl vor allem aus biographischen Gründen in den vierziger und fünfziger Jahren gewissermassen pflegen »musste«, keinesfalls gering schätzt, sondern als Reservoir, als »Erfahrung der stillstehenden Zeit« begreift, die nach dem Tod der Eltern und der Entlassung der Tochter als nicht mehr versiegende Quelle aus dem »innern und äussern Haushalt« zu fliessen begann. (Zum »äussern Haushalt« – dem Lebensunterhalt nach dem frühen Tod ihres Künstler-Gatten – gehören auch die in diesem Band vernachlässigten Wandbildaufträge, dazu gehören aber in einem sprichwörtlichen Sinn auch die Haus-Gegenstände, die nun ein ausschweifendes Eigenleben zu führen beginnen). Und so begrenzen die beiden so gegensätzlichen Inszenierungen des Windrad-Motivs auch jenen Mittelteil des Bandes, der erstmals einen Teil der »Materialhefte« als die erste »abgelegte« Bildquelle publiziert innerhalb des waghalsigen Unterfangens, »sich ein Bild auszudenken«.

Wenn Heusser also um 1959/60 den »Abschied von der inneren Blockierung« und der Atelier-Kunstwelt als Refugium diagnostiziert, kann er an vielen Motiven, die insgesamt als Behausungsmetaphern verstanden werden können, die Metamorphose in die eine künstlerische Freiheit verfolgen, deren Fluidum eine heitere Schwerelosigkeit ist. Materialität spielt bei Ilse Weber eine so bedeutungslose Rolle, dass sie nicht nur mit »Drähten Gegenstände« zeichnen kann, wie dies Hugo Suter fasziniert, auch Kneibühler geht diesen »Verwechslungen« nach, dem »Krug aus Seeluft« oder der »Mütze aus festem Nussholz«. Jeder Gegenstand kann sich seine Kleider sozusagen frei wählen, der Lebensvorrat an Humor und Gelassenheit endete erst mit jenem amerikanischen Seiteneingang, der ins Nichts führt.

Ilse Weber war eine wunderbare, wundersame Person, die ein traumwandlerisches, »splendid« In-Sich-Sein ausstrahlte. Sie schuf ein Werk ohne eigentliche Hauptwerke, weil sie in allen Zeichnungen und Aquarellen, Gouachen und Gemälden gleichermassen selber vorhanden ist. Es wird aus dem Windschatten treten, in dem sie es wohl gerne länger geschützt hätte.

Wir danken insbesondere Marie-Louise Lienhard, der Tochter der Künstlerin, die für einmal fast alle sogenannt wichtigen Dinge wie Auswahl und Regie andern anvertraute, um sich so intensiver der Kleinarbeit und Organisation zu widmen, wir danken den vielen Leihgebern, darunter vor allem dem Aargauer Kunsthaus, Aarau, den Autoren und Gestaltern der vorliegenden Publikation sowie jenen Institutionen und Personen, die sie in dieser Form möglich gemacht haben. Sie ist das dritte grössere Werk einer Reihe, die nicht abgeschlossen sein dürfte.

ABSCHIED VON DER IDYLLE –
ILSE WEBER UND DIE NEUERE SCHWEIZER KUNST

von Hans-Jörg Heusser

I. EINE ERSTAUNLICHE WENDE

Gegen Ende der fünfziger Jahre trat im Schaffen Ilse Webers eine erstaunliche Wende ein. Sie sei im Verlauf ihrer Entwicklung auf Probleme gestossen, »welche zu einem Halt, zu Rückblick und Ausblick zwangen und in der Folge zu einer völligen Neuorientierung ihres künstlerischen Schaffens führten«, schrieb Guido Fischer 1967 im Katalog der ersten Ausstellung, die auf die Wandlung der Künstlerin aufmerksam machte[1]. Ilse Webers Tochter, die Kunsthistorikerin Marie-Louise Lienhard, der wir zwei grundlegende, aus persönlichem Erleben heraus geschriebene Texte zur Person und zum Schaffen ihrer Mutter verdanken, hat von der »soliden, konventionellen Schweizer Malerei der jungen Jahre« und »dem eigenartigen späteren Alleingang« gesprochen[2]. Die »jungen Jahre« erstreckten sich über mehr als zweieinhalb Jahrzehnte: Ilse Weber war, als sie zu ihrem »Alleingang« aufbrach, fünfzig und hatte noch sechsundzwanzig Schaffensjahre vor sich.

Für die Kritik zählt heute vorwiegend der »Alleingang«, d.h. das »spätere« Werk, das mit den Aufbruchsbildern des Jahres 1958 beginnt und mit dem Tod im Jahre 1984 endet. Im »späteren« Werk sei es Ilse Weber gelungen »zu einer völlig neuen Bildsprache zu finden«, fasst Roman Kurzmeyer die diesbezügliche Literatur zusammen[3]. In ihrem »früheren« Schaffen sei sie hingegen eine durch die jeden Ausbruch verhindernde Norm der Schweizer Kunst »recht eigentlich fremdbestimmte Malerin« gewesen (Beat Wismer 1983)[4]. Theo Kneubühler zufolge ging es im »früheren« Schaffen »um die Umsetzung einer thematisch unverbindlichen Genre-Wirklichkeit«, d.h. »primär nicht um eine psychische Motivation, sondern um die Ergiebigkeit des Pittoresken«. Erst gegen Ende der fünfziger Jahre, so Kneubühler, zeige sich »vorerst noch zurückhaltend, der Wille eine Eigenwelt zu schaffen.«[5]

Bis zur »Wende« war Ilse Weber in Werk und Wirkung eine Aargauer Lokalkünstlerin, die es – vor allem dank einer Reihe von Wandbildaufträgen – fertigbrachte, von ihrer Kunst zu leben. Ihre Ausstellungstätigkeit hielt sich in engen Grenzen. Die erste Einzelausstellung fand erst 1961 (also bereits nach der Wende) in der Aarauer Galerie 6 statt. Zuvor waren einzelne Werke an der Schweiz. Nationalen Kunstausstellung und an den jährlichen Ausstellungen der Aargauer GSMBA und GSMBK zu sehen und einmal, 1959 in einer Gruppenausstellung in der genannten Aarauer Galerie. Ihr »früheres« Schaffen hat bis heute keine einschlägige Würdigung gefunden; die bisherige Literatur gilt in erster Linie dem späteren Werk und erwähnt die »frühere« Periode nur am Rande und ziemlich summarisch. Da die »früheren« Werke auf zahlreiche

---

[1] Guido Fischer: Zum Geleit. in: Kat. Roland Guignard/ Ilse Weber. Ausstellung im Aargauer Kunsthaus, Aarau 1967
[2] Marie-Louise Lienhard: Ilse Weber, Luzern 1982, S. 47
[3] Roman Kurzmeyer: Ilse Weber, in: Kat. Ausstellung »Visionäre Schweiz«, hrsg. von Harald Szeemann; Kunsthaus Zürich (1.11.1991 26.1.1992), S. 158
[4] Beat Wismer: Weber, Ilse, in: Aargauer Kunsthaus Aarau, Sammlungskatalog Band 2, herausgegeben vom Aargauer Kunsthaus Aarau in Zusammenarbeit mit dem Schweizerischen Institut für Kunstwissenschaft, Aarau 1983, S. 502
[5] Theo Kneubühler: Ilse Weber, in: Kunst: 28 Schweizer, Luzern 1972, ohne Seitennumerierung

Besitzer verstreut sind und in den letzten zwei Jahrzehnten an Ausstellungen fast nur das »spätere« Schaffen zu sehen war, ist die erste Periode heute weitgehend unbekannt. Beat Wismer qualifizierte sie als »unspektakuläre, gut und seriös gemachte, solide konventionelle Schweizer Malerei, anerkannt von einer offiziellen konservativen Kunstkritik«[6].

Ohne Zweifel: die Wende zum »späteren« Werk brachte einen beträchtlichen Qualitätssprung. Aber woher, so frage ich mich, kam die plötzliche Qualität? War die ausserordentliche Begabung nicht vorher schon zu erkennen? Ich denke, dass Ilse Webers schöpferische Kraft aus bestimmten Gründen derart gehemmt war, dass sie sich nicht wirklich zu entfalten vermochte.

2. THEMA FRÜHWERK

Allerdings scheint sich die »Gehemmtheit« nicht im gesamten »früheren Werk« bemerkbar gemacht zu haben; in den mir bekannten Werken der ersten Schaffensjahre vermag ich sie nicht zu erkennen. Man sollte daher meines Erachtens innerhalb des »früheren« Schaffens zwei Phasen unterscheiden; eine erste von 1930–1944 und eine zweite von 1944–1957 – ich nenne sie »Frühwerk« und »konventionelle« Phase. Die »Hemmung« war – wie mir scheint – auf die »konventionelle« Phase beschränkt. Im Frühwerk war sie noch nicht vorhanden und in der 1957 einsetzenden Aufbruchsphase, die den Beginn des »späteren« Schaffens bedeutet, löste sie sich rasch und vollständig auf.

Das »Frühwerk« begann im Jahre 1930 mit dem Entschluss der Zweiundzwanzigjährigen, Malerin zu werden. Aus diesem Jahr stammt das Stilleben »Die indischen Schuhe« (siehe S. 23), das sowohl ikonographisch als auch stilistisch näher beim »späteren

Abb. 1: BAHNHOFWARTSAAL, 1940

Werk« liegt als bei der »konventionellen« Phase. Es zeigt ein Paar fremdartige Schuhe, das ein Arbeitskollege des Vaters der Familie aus Indien mitgebracht hatte. In ihnen lebte für Ilse Weber die Kinderzeit mit ihren Phantasien über das ferne Land, die durch ein reichillustriertes Tafelwerk in der elterlichen Bilbliothek noch zusätzlich angeregt wurden[7]. In dem Bild der fremdartigen Schuhe schwingt – wenigstens andeutungsweise – dieses kindliche »Orienterlebnis« mit. Solche persönliche, erinnerungsbeladene und emotionsauslösende Objekte sollten im »späteren« Werk eine zentrale Bedeutung erlangen. Die spontane, aufgewühlt-expressive Malweise drückt die Emotionen aus, die sich mit dem Gegenstand verbinden. Diese Emotionalität macht in der »konventionellen« Phase einer ruhigen, kontrollierten Malweise Platz. Ähnlich verhält es sich mit weiteren Werken aus diesen Jahren, z.B. mit dem Bild »Bahnhofwartsaal« (1940) (Abb. I), das an Varlin oder das

---

[6] Beat Wismer, a.a.O., S. 501
[7] Diese Mitteilung verdanke ich - wie so viele andere wertvolle Informationen und Hinweise der Tochter Ilse Webers, Frau Dr. Marie-Louise Lienhard; für ihre freundliche Unterstützung sei ihr herzlich gedankt.

Abb. 2: RUHENDES KIND, 1947

damalige Schaffen Wilfrid Mosers erinnert. Die Werke aus diesen ersten Schaffensjahren sind freier und spontaner gemalt und überdies stilistisch offener gegenüber den modernen Tendenzen als diejenigen der folgenden Phase.

3. TRÜGERISCHE IDYLLEN

Der Übergang zur »konventionellen« Phase wurde ausgelöst durch einen Schicksalsschlag. 1944 starb Ilse Webers Gatte, der Maler und Graphiker Hubert Weber, im Alter von nur 36 Jahren nach sechsjährigem Zusammensein und liess sie mit dem dreijährigen Töchterchen zurück. Wie tief und nachhaltig sein Tod Ilse Weber getroffen hat, verrät uns aber erst das »spätere« Werk; in der nun folgenden »konventionellen« Phase wird das traumatische Erlebnis verdrängt. Lediglich eine noch im Todesjahr des Gatten entstandenen Kohlezeichnung mit dem Titel »Leere Landschaft« (Siehe S. 26) nimmt auf den Schicksalsschlag Bezug. Dargestellt ist eine Frau mit einem kleinen Kind am Arm vor einer öden Gebirgslandschaft, in der sich ein einsames Haus befindet. Neben Mutter und Kind ragen zwei Pfosten oder abgesägte Baumstämme in die Luft. Eine depressive Stimmung geht von dieser in der ersten Trauerzeit entstandenen Selbstdarstellung der Künstlerin mit ihrer kleinen Tochter aus. Die reale Szene eines Spaziergangs ist ins Symbolische überhöht, die Landschaft wird zum Metapher des Trauerzustands. Die Attribute (Haus, abgesägter Baum, Steinwüste), welche diese »Seelenlandschaft« kennzeichnen (und sich auch im »späteren« Werk wiederfinden) und der metaphorische Charakter der Darstellung lassen diese Zeichnung – trotz ihrer Verhaltenheit – dem »späteren« Werk näher erscheinen als den Bildern der »konventionellen« Phase. Nach 1944 wurde das Schaffen Ilse Webers konservativer; sie schwenkte ganz auf die Linie der damaligen offiziellen »Schweizer Kunst« ein.

Das regionalistisch gestimmte, konservative Kunstschaffen, das bis gegen Ende der fünfziger Jahre die schweizerische Kunstszene beherrschte, war stilistisch unterschiedlichsten Strömungen der Gegenständlichkeit verpflichtet und stand ikonographisch ganz im Zeichen der Idyllik. Es evozierte ein imaginäres Reich des Friedens, der Harmonie, des Glücks und der Problemlosigkeit. Die Schweiz erschien – soweit sie überhaupt erschien – als eine Art Arkadien. Die in starker Veränderung begriffene soziale Realität jener Jahre – die Wirtschaftskrise, die Industrialisierung, die Verstädterung, die Massenarbeitslosigkeit, der gesellschaftliche Umbruch, die Bedrohung durch totalitäre Ideologien, die Kriegsgefahr und schliesslich der Weltkrieg – wurden ausgeblendet. Dargestellt wurde eine kompensatorische Phantasiewelt, ein Reich des schönen Scheins und der Idylle.

Die Ikonographie des Schweizerisch-Idyllischen entfaltete sich in einer Reihe von Motivkreisen; die wichtigsten waren: Flucht aus der

Zeit, Verklärung der Schweiz ins Bukolisch-Arkadische sowie Flucht in die »heile« Privatwelt[8]. In der »konventionellen« Phase stand Ilse Webers Schaffen ganz im Zeichen der Idylle; sie griff dabei vor allem den Motivkreis der »heilen Privatwelt« auf. Dieser vereinigt »Darstellungen aus der privaten Umgebung des Künstlers; Familie, Freundeskreis, Haus und Garten, Atelier, genrehafte Alltagsszenen«[9]. Ein Beispiel für Ilse Webers Idylle-Malerei ist das Bild »Interieur« von 1945, das die Inspiration durch Ernst Morgenthaler, einen Hauptmeister dieser Richtung, verrät.

Typisch für Ilse Webers Ikonographie der »heilen Privatwelt« sind die zahlreichen Darstellungen ihrer kleinen Tochter wie die Zeichnung »Mädchen mit Puppe« (siehe S. 28) und das Bild »Ruhendes Kind« (Abb. 2), für das sie 1947 von der – damals noch mehrheitlich konservativ gestimmten Eidg. Kunstkommission unter dem Vorsitz von Augusto Giacometti ein Bundesstipendium erhielt.

Mit dem Jahr 1958 begann eine Aufbruchsphase, die bis 1961 währte und das »spätere« Werk einleitete. Die Ikonographie des Idyllischen wurde von einer zunehmenden inneren Erregung aufgebrochen, durcheinandergewirbelt und schliesslich aufgegeben. Gleichzeitig gestaltete sich auch der Malstil zunehmend expressiver; an die Stelle rigider Kontrolle trat ein spontaner – oft sogar aufgewühlter – Gefühlsausdruck. Die belanglosen, genrehaften Sujets der »konventionellen« Werke machen einer persönlicheren Ikonographie Platz. Ein typisches Werk dieser Phase ist »Der verlassene Tisch« von 1958 (siehe S. 30).

Vollends manifestieren sich Aufbruch und Umbruch in den Bildern »Wintergewitter« von 1959 (Abb. 3) und »Winterende«, um 1960 (siehe S. 31). Wie M.-L. Lienhard sagt, weisen die Titel »mit Macht, und, im Nachhinein wie programmatisch wirkend, auf die Gemütsverfassung hin, in der die Bilder entstanden sein müssen«.

[8] s. dazu: Hans-Jörg Heusser: Heimatsehnsucht und Katastrophenangst - Soziopsychologische Aspekte der schweizerischen Malerei der dreissiger Jahre, in: Kat. der Ausstellung »Dreissiger Jahre Schweiz. Ein Jahrzehnt im Widerspruch.« Kunsthaus Zürich 1982, S. 281ff.
[9] H.J.Heusser, a.a.O., S. 283

Abb. 3: WINTERGEWITTER, um 1959

Tatsächlich geht der seelische Winter zu Ende. Ilse Weber nimmt in diesen Bildern von der Idylle – und der inneren Blockierung Abschied. Nun wagt sie es, sich selbst, ihre eigene »innere Biographie«, ihre verdrängten Gefühle und verschütteten Emotionen zuzulassen und darzustellen. Es ist ein Entdeckungs-und Befreiungsprozess. Die Befangenheit, die Starre der Konvention – und damit auch die Mediokrität – fallen nun von ihr ab.

4. DIE KUNST DER VERDRÄNGUNG

Was hat die Wende bewirkt? Oder anders gefragt: warum gab es überhaupt eine »konventionelle« Phase? Welche Mächte haben die Erlebnisstärke und das künstlerische Ausdrucksvermögen, die Originalität und die Gestaltungskraft, wie sie im »späteren« Werk offenbar werden, mehr als ein Jahrzehnt lang bis zur Unkenntlichkeit zu entstellen und zu unterdrücken vermocht?

Die Künstlerin selbst hat uns keine schriftlichen Äusserungen hinterlassen, die über ihre innere Biographie Aufschluss geben. Sie war keine Schreiberin und hat sich offenbar auch im Gespräch kaum über ihr inneres Leben geäussert. Dennoch scheint mir die Frage nach den verhindernden Kräften beantwortbar.

Wie erwähnt, hatte die »Schweizer Kunst« – Idyllik kompensatorischen Charakter; sie erfüllte psychische Bedürfnisse, die in der »Lebenspraxis« unerfüllt blieben. Dazu gehörte das Bedürfnis nach Heimat. Ihre Idyllik war eine Reaktion auf den rapiden technologischen und sozialen Wandel, der als Heimatverlust erlebt wurde. »Heimatsehnsucht« ist daher Sehnsucht nach dem Verlorenen, nach der »heilen Welt«, d.h. nach dem Zustand vor der »Katastrophe«, welche das Unheil brachte. Die Phantasie der Idylliker und »Heimatmaler« strebt vor das unfassbare, traumatische Geschehen zurück und stellt die »heile Welt« wieder her. Der erlittene Verlust wird nicht akzeptiert, die Trauerarbeit verweigert. Die Sehnsucht nach dem »Verlorenen« – resp. ihre Erfüllung durch die Phantasie – gehört zur Psychologie der Verdrängung und führt zu einer Haltung der Abwehr. Alles, was an die Realität – und damit an das traumatische Erlebnis des Verlusts erinnert, wird als bedrohlich erlebt und muss abgewehrt werden. Dies geschieht – im Leben wie in der Kunst – durch die Vermeidung. Alle »unheilvollen« oder an den Verlust erinnernden Themen werden nicht dargestellt; in die Lücke treten zwanghafte Vorstellungen des Idyllischen. Es versteht sich, dass der Vermeidungszwang den Fluss der Assoziationen und Erinnerungen zum Stocken bringt; die Kreativität eines Künstlers wird dadurch aufs Schwerste gehemmt und – zumindest teilweise – verhindert. Das war es, was Ilse Weber mit der schweizerischen Idyllik verband und ihre künstlerische Phantasie blockierte.

Bezeichnenderweise war es wiederum der Verlust von geliebten Angehörigen, der die Wende brachte. 1957 starben Ilse Webers Eltern, zuerst der Vater, nur sechs Wochen später die Mutter. Sie hatten in den letzten Jahren mit der Künstlerin und ihrer Tochter das Haus geteilt. Der Verlust löste – wie sich Marie-Louise Lienhard erinnert – bei Ilse Weber eine starke Erschütterung aus. Diesmal reagierte Ilse Weber nicht mit Verdrängung, sondern liess die Gefühle – auch die verdrängten – zu: sie begann ihre Trauerarbeit und nahm Abschied von der Idyllik. Bild um Bild näherte sie sich dem ehemals Unaushaltbaren, ging sie ins Qualvolle hinein, öffnete sie sich der schmerzlichen Erinnerung. Mit dem Fortschreiten dieses Selbstfindungsprozesses lösten sich Abwehrhaltung und Vermeidungszwang sukzessive auf. Es lösten sich auch die Ängste, von den verdrängten Gefühlen überflutet zu werden und die so sehr gefürchtete emotionale Katastrophe erleben zu müssen. So führte ihre Wandlung die Künstlerin nicht aus der Idyllik in deren psychologisches Gegenstück, die Katastrophenangst, sondern über beide hinaus[10]. Sie wurde Trans-Idyllikerin und kam damit gerade rechtzeitig, um in vorderster Reihe am grossen Paradigmenwechsel Anteil zu haben, der mit den sechziger Jahren die Schweiz und ihre Kunst zu verändern begann.

5. HEILSAME METAPHERN

Ilse Webers Wandlung zeigte sich im Werk durch den Übergang vom realistischen Abbildungsmodus zu einer assoziativen Metaphernsprache. Die früher mühelos identifizierbare Ikonographie verwandelte sich in eine Bildrätselwelt. Die metaphorische oder analogische Bildsprache war hervorragend geeignet, den so lange blockierten Strom der Assoziationen und Erinnerungen wieder zum Fliessen zu bringen, denn sie beruht ja gerade auf dem Prinzip der Assoziation. Unerklärliche oder unklare Gefühle und Erinnerungen werden durch die Beibringung von Analogien ausgedeutet und verdeutlicht. So trägt die Metaphern-Malerei zur inneren Klärung bei; sie gleicht damit einer meditativen Selbsttherapie. Die Wirksamkeit dieser heilsamen Arbeit – und auch der Wert ihrer

---

[10] s. dazu: H.J. Heusser, a.a.O., S. 284ff.

künstlerischen Resultate – beruhen ganz auf der Stimmigkeit der Metaphern. Bei Ilse Weber »stimmen« die Metaphern; sie erreicht mit sparsamsten Mitteln höchste Wirksamkeit.

In dem unablässigen Prozess der Metaphernschöpfung und Metaphernklärung, der Ilse Webers »späteres« Werk kennzeichnet, zeigen sich gewisse Konstanten; es gibt ein Vokabular von Basis-Metaphern, die – wenn auch in veränderter Gestalt und in neuen Zusammenhängen – immer wieder vorkommen. Zu ihnen gehört der Baum. Ein Schlüsselwerk dieser Thematik ist das 1959 entstandene, zur »Durchbruchsphase« gehörende Bild »Der gefesselte Baum« (siehe S. 32). Marie-Louise Lienhard sagt: »…. auch dieses Bild muss mit dem Abstand der Jahre als Dokument einer geistig-seelischen Umbruchssituation gelesen werden, als Dokument eines im Alleingang vollzogenen Ausbruchs aus dem Gefängnis der Konvention. Und bereits meint man Zeichen des Triumphes ob der gelungenen Flucht zu erkennen: eine Blume schmückt die Verzweigungsstelle des gefesstelten Baums, seine Äste erheben sich in ungequältem Rhythmus; der Strick, der sie fesselt, hat keine bindende Kraft mehr,...«[11]

Die Metaphernsprache ist klar: der von den Fesseln befreite Baum kann ungehindert wachsen und sich entfalten. Der Baum wird zur Metapher des Selbst. Das gilt wohl auch für das erschreckende Baumbild auf der Zeichnung »Der explodierende Baum« (1973) (siehe S. 98). Es zeigt einen winterlich kahlen Baum, in dessen Krone sich ohne erkennbare Ursache eine Explosion ereignet, die deren linke Hälfte zerstört. »Der explodierende Baum« ist das Bild einer plötzlichen, schweren Verwundung. Er wurde zehn Jahre später – in ganz ähnlicher Weise – nochmals dargestellt (Abb. 4). Beide Zeichnungen nehmen auf das Jahrzehnte zurückliegende traumatische Erlebnis Bezug; das nun nicht länger abgewehrt und aus den Gedanken verdrängt werden muss.

[11] M.-L. Lienhard, a.a.O. S. 38

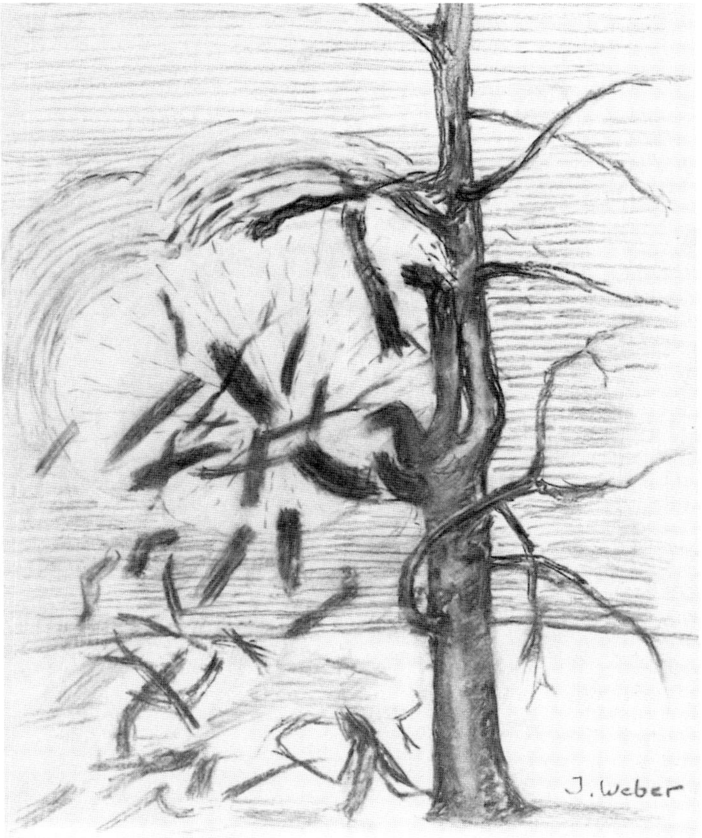

Abb 4: DER EXPLODIERENDE BAUM, 1983

6. VORSICHT »CHÂTEAU PORCELAINE«!

Die Abkehr von der Gegenständlichkeit mit ihrem realistischen Darstellungsmodus, der den Künstler auf die Darstellung eines einzigen Ortes in einem bestimmten Zeitmoment beschränkt, führte Ilse Weber zur Übernahme dadaistischer und surrealistischer Methoden inkohärenter Zeit-und Raumdarstellung, insbesondere der Collage und der »Verdichtung«.

Abb. 5: CHÂTEAU PORCELAINE, 1968

Bei der »Verdichtung«, die Ilse Weber von den Surrealisten übernahm und die diese der Psychoanalyse verdankten, werden zwei oder mehrere Bilder durch Überblendung und/oder Kombination einzelner Teile zu einem neuen Ganzen zusammengefügt. Ein solches »neues Ganzes« – das Ilse Weber mehrmals dargestellt hat – zeigt das Bild »Château Porcelaine« (Abb. 5), die Verschmelzung einer Porzellantasse mit einem (Spielzeug-) Schlösschen. Ihre innige Verbindung ist durchaus metaphorischer Natur: Burg/Schloss als Inbegriff der sicheren Behausung, des häuslichen Glücks und des Geschütztseins werden auf Tassengrösse verkleinert und damit zum Scherzartikel. Schon allein dadurch wird das Schützend-Heimatliche – der »my home is my castle«-Aspekt – ad absurdum geführt. Eine Spielzeugburg vermag keine Zuflucht zu gewähren. Nun kommt aber noch das Bild der Porzellantasse – und damit der Zerbrechlichkeit – hinzu; es entsteht eine Metapher von komischem Widersinn: die zerbrechliche Scherzartikelburg. Die Gefahr des Zerbrechens wird im Bild durch eine anonyme Damenhand heraufbeschworen, die das »Chateâu Porcelaine« auf den Fingerspitzen balanciert und zwar so, dass es sich in labilem Gleichgewicht resp. in unmittelbarer Absturzgefahr befindet. Die giftgrüne Farbe des Handschuhs signalisiert Unheil. Durch die Damenhand kommt der Hinweis auf die Schicksalsgöttin hinzu. So enthält die scheinbar so harmlose Metapher von der Tasse in Schlösschenform die Erfahrung, dass es vor Schicksalsschlägen keinen Schutz gibt. Alle Schlösser erweisen sich vor dem Schicksal als Luftschlösser, als Scherzartikel.

Das »Château Porcelaine« ist nur eine der vielen Behausungsmetaphern im Werk Ilse Webers. Allerdings sind die meisten dieser Hütten, Häuser, Schlösser, Paläste und Städte verlassen, zerstört, am Verfallen oder zumindest leer und verlassen. Sie sind Metaphern der Unbehaustheit, des Vertriebenseins, der verlorenen Heimstatt und Heimat. Beispiel einer solchen Unbehaustheitsmetapher ist das Bild »Landschaft mit aufgestellten Steinen« (siehe S. 35), in denen die Hütte durch einen Bergsturz entzweigeschlagen wurde und nun verlassen und unbewohnbar in einem Trümmergebiet liegt, dessen Felsbrocken grabsteinhaft aufgestellt sind.

In der Zeichnung »Die Wasserfallhütte« von 1972 erscheint die Unbehaustheitsmetapher in einem ganz anderen Zusammenhang. Dargestellt ist eine Baumhütte, wie sie Kinder im Walde errichten. Sie ist leer und treibt wie ein Floss den Fluss hinunter auf einen Wasserfall zu, der sie im nächsten Augenblick verschlingen wird. Auch diese Hütte vermag keine Geborgenheit zu vermitteln. Wie das »Château Porcelaine« hat sie »Kinderzeug«- Charakter und wiederum droht »Hinunterfallen« und Zerstörung.

7. ÜBER DAS FLIESSENDE

In der »Wasserfallhütte« (siehe S. 86) gesellt Ilse Weber zur Behausungsmetaphorik eine weitere, für ihr Schaffen zentrale Thematik hinzu: diejenige der Flüsse und des Fliessens. Ein wichtiger Bedeutungsaspekt der Flussmetapher ist derjenige der Zeit und der Vergänglichkeit. In den Bildern der »idyllischer« Phase, die in Wahrheit eine Periode der inneren Erstarrung und der schöpferischen Blockierung war, stand in Ilse Webers Bildern die Zeit still. Die »heile« Welt der Idylle meint ja den Zustand vor dem schlimmen Ereignis. Demzufolge muss in der Idylle die Zeit stillestehen; würde sie fliessen, verginge die »heile Welt«, sie flösse dann auf das Unheil zu wie die Hütte auf den Wasserfall.

In der Zeichnung »Die Wasserfallhütte« treibt die Hütte auf den Wasserfall zu, doch der bevorstehende Sturz wird offensichtlich nicht mehr als Katastrophe erlebt. Das Trauma ist ausgestanden und in Auflösung begriffen. Angst und Verzweiflung gehören der Vergangenheit an, in der Zeichnung herrscht Abgeklärtheit. Sie geht vor allem vom dem gelassen hingelagerten »Mann mit dem Hut« aus, Ilse Webers »wohl innigsten, wichtigsten, immer wiederkehrenden Motiv« (Marie-Louise Lienhard). Auch er, der Verlorene, darf jetzt erinnert werden. Das Gefühl des Verlusts ist ermesslich geworden und die Zeit kann wieder fliessen – und mit ihr die »Wasserfallhütte«. Sie muss nun sogar den Styx hinunter, das krampfhafte Festhalten am »Davor«, die Phantasie der »heilen Welt« haben ausgedient; das Leben nimmt seinen Gang.

Wieder strömen darf auch die Erinnerung. Alle die mit schmerzlichen Gefühlen geladenen Assoziationen, die von der idyllischen Zwangsphantasie abgewehrt werden mussten, weil sie an das unverkraftete Ereignis erinnerten, können zugelassen werden. Auch für diesen inneren Strom – und nicht nur für das Fliessen der Zeit – stehen all die Flüsse und Wasser, die Ilse Webers spätere Bilder durchziehen.

8. »HERRENBERG« – EINE ZEIT- UND RAUM-COLLAGE

Der neuen, in der »Aufbruchsphase« aufkommenden Thematik der Wiederverflüssigung der Zeit und der Wiederzulassung der Erinnerung entspricht der neue, dadaistische und surrealistische Methoden aufnehmende Darstellungsmodus. Insbesondere die Collagetechnik erlaubt es, Gegenwart und Vergangenheit, das real vor Augen stehende Objekt und die Assoziationen und Erinnerungen, die es auslöst gleichzeitig und gleichberechtigt darzustellen. So sind die Bilder aus der »späteren« Periode meist Collagen aus Fragmenten, die verschiedenen Zeiten und Räumen angehören.

Eine solche Zeit-und Raum-Collage zeigt – wie uns Marie-Louise Lienhards Kommentar verrät – die Zeichnung »Herrenberg« (1971) (siehe S. 52): »Dargestellt ist eine idyllische Landschaft: im Vordergrund eine Wiese mit einem Rosenbäumchen und einem liegenden Kleid; dann ein leicht verfallener Gartenhag, dahinter eine Wiese mit Obstbäumen, ein Baumgarten; noch weiter hinten eine hügelige Weide mit einer einzelnen Kuh. Die ganze Szenerie wird verdeckt, das heisst, der Hauptteil des Blattes wird abgedeckt durch die ausgesparte weisse Fläche eines vierzackigen Papierwindrades. Die Grundszenerie, so unbedenklich und harmlos sie erscheinen mag, ist höchst komplex. Der Garten mit dem Rosenbäumchen im Vordergrund gibt der Zeichnung den Namen; es ist die Aussicht aus dem Atelier am Herrenberg. Der Baumgarten im Mittelgrund: Kindheitserinnerung, Evokation der Obstgärten hinter dem väterlichen Bauernhaus in Hunzenschwil. Hintergrund: scheinlogische Fortsetzung der Szenerie des Mittelgrundes einerseits, aber auch leicht ironisierende Massnahme zur Kompensation des seelischen Überdrucks der Szenerie im Vordergrund. Dieser Überdruck entsteht durch das leere, liegende Kleid; ein heiteres, zartes Sommerkleid eines jungen Mädchens, das daliegt, so belebt, so ausgefüllt, wie wenn es getragen würde, aber es ist leer. Nun gibt es ein Photo der jung verstorbenen Schwester von Ilse Weber, wie sie im Garten neben einem Rosenbäumchen steht (allerdings im Garten des früheren Hauses in Baden, wo ein gleiches Rosenbäumchen stand wie im Garten am Herrenberg). Die Photographie muss kurz vor dem Tode im Jahre 1930 gemacht worden sein. Es vergehen mehr als vierzig Jahre, bevor es Ilse Weber gelingt, sich zu diesem Ereignis zu äussern. Aber auch dann gelingt es ihr nur unter der massiven Inanspruchnahme der bannenden Kraft des ornamentalen Elements, hier des Windrades, welches auf dieser Zeichnung als Sujet in Beziehung gesetzt ist zu den vom Sommerwind bewegten Bäumen im Mittelgrund.«[12] Soweit die Tochter der Künstlerin zu den biographischen Hintergründen der Zeichnung.

Ilse Weber verband also eine Szenerie, die sich zum Zeitpunkt, in dem sie die Zeichnung schuf, vor ihrem damaligen Atelier präsentierte, mit der Erinnerung an die im Alter von 24 Jahren verstorbene, und zwei Jahre ältere Schwester. Assoziatives Bindeglied zwischen dem Rosenbäumchen im Ateliergarten und der Schwester war eine Fotografie, welche die Schwester kurz vor ihrem Tode unter einem andern Rosenbäumchen zeigte, das im Garten des Elternhauses in Baden stand. Die Erinnerung an die Schwester führte auch die andere Szenerie herauf, die in der Zeichnung zu sehen ist: den

[12] M.-L. Lienhard, a.a.O. S. 57

Abb 6: BATTERED HOUSE, 1983

Obstgarten in Hunzenschwil, in dem die Künstlerin als Kind mit der Schwester gespielt hat.

Wer es nicht weiss, wird auf der Zeichnung die Verschmelzung zweier Orte und Zeiten nicht erkennen; genausowenig wie den Zusammenhang des Dargestellten mit der Erinnerung an die Schwester. Marie-Louise Lienhard erklärt, sie habe sich »eigentlich nur contre-coeur durchgerungen, die inhaltlichen Zusammenhänge eines Bildes herauszupräparieren«. Sie seien zum Verständnis des Werks nicht nötig, denn sie fixierten »eine starke Darstellung einer Stimmung auf ein nacherzählbares und vordergründig erklärbares Geschehen«. Ich stimme ihr zu.

Zur Bildwelt des »späteren« Werks gehört eine reiche Metaphorik des Ornaments. Der Aspekt des Schmückens ist in der Weber'schen Verwendung des Ornamentalen eher nebensächlich, wichtiger sind die – durchaus gegensätzlichen – Funktionen als Stimmungsträger und als Emotionen neutralisierendes oder bannendes Element. Marie-Louise Lienhard hat angesichts der Windrad-Figur in der Zeichnung »Herrenberg« vor allem die »bannende Kraft« angesprochen; die Gefühlsneutralität der geometrischen Figur, die den »seelischen Überdruck« der dargestellten Szenerie kompensiere. Aber die Windradmetapher – wie manche der Weber'schen Ornamente – erschöpft sich nicht in diesem Aspekt. Im konkreten Fall erinnert die Figur des Windrades an den Wind (der in den Bäumen dahinter weht) und an die Bewegung; es steht aber still und kann sich auch gar nicht bewegen, denn es hat keine Nabe, um die es sich drehen könnte und bietet dem Wind – ausdehnungslos wie es ist – auch keine Angriffsflächen. Es ist ein Symbol der Blockierung und Erstarrung und zugleich weckt es die Erinnerung an das »Davor«, die Zeit vor dem schrecklichen Ereignis, an die Kinderzeit und an die Jahrmärkte, auf denen solche Rädchen verkauft wurden. Dann ist es aber auch eine Art Kreuz und ein leichentuchweisser Fleck im Bild, ein partieller Bildausfall; eine Metapher für die vom Vermeidungszwang lange gestörte Erinnerung.

Abb 7: ANDRÉ BAUCHANT: BERGLANDSCHAFT, 1943

9. DIE HERKUNFT DER METAPHERN

Ilse Weber hat ihre Metaphern zwar aus- und umgestaltet, aber selten erfunden. Die Urbilder, sozusagen das »Quellenmaterial«, entnahm sie entweder der Wirklichkeit oder Fotos und Kunstwerken. Der Wirklichkeit abgeschaut ist z.B. das blühende Rosenbäumchen in der Zeichnung »Herrenberg«, das zur Metapher für die in der Blüte ihres Lebens dahingeraffte Schwester wurde. Eine andere reale Szenerie fand ihre Wiedergabe im Bild »The Side Entrance« (siehe S. 121), vor dem die Malerin an der Staffelei sitzend, am 6. März 1984 starb. Wie Marie-Louise Lienhard berichtet, hatte Ilse Weber das Motiv zwei Wochen vor ihrem Tod auf einem Sonntagsausflug in einem kleinen Dörfchen in Maryland vom fahrenden Auto aus kurz gesehen und es mit einem erfreuten Ausruf registriert[13].

[13] M.-L. Lienhard, Ilse Weber. Americana, Genf 1985, ohne Seitennumerierung

Der Metaphernproduktion dienten die Material- und Skizzenbücher, die Ilse Weber seit den späten fünfziger Jahren führte. Sie sammelte darin Zeitungs- und Zeitschriftenillustrationen und -ausschnitte, Reproduktionen von Kunstwerken, sowie verschiedenste andere Druckerzeugnisse, die sie in irgendeiner Form ansprachen, irritierten, faszinierten oder abstiessen. Vielfach wurden dann diese Materialien zu Ausgangspunkten für Bilder und Zeichnungen, wenn auch nicht immer so gradlinig wie im Falle der Abbildung eines von einem Tornado zusammengestauchten Holzhauses (siehe S. 80), in dem sich unschwer das Vorbild für das in ihrer Amerikazeit entstandene Bild »Battered House« (Abb. 6) erkennen lässt.

Eine ganz besondere Rolle kommt einem Bild des französischen »Naiven« André Bauchant (1873 – 1958) zu, das sich seit 1967 im Besitz der Künstlerin befand (Abb. 7). Da sie sonst keine Kunst sammelte, ist anzunehmen, dass sie es wegen des Sujets kaufte. Dieses Sujet, die Begegnung zweier Wanderer, eines Mannes und einer

Abb. 8: BAUCHANT-FAHNE, 1969

Abb. 9: BILDSTÜCK, 1972

Frau, in einer kahlen Schlucht, scheint für sie zur Metapher der kurzen »Begegnung« mit ihrem verstorbenen Gatten geworden zu sein. Sie hat es verschiedentlich zitiert, so in der Zeichnung »Bauchant Fahne« (Abb. 8) von 1969 oder in der Zeichnung »Bildstück« von 1972 (Abb. 9). Auch die Bauchant'sche Schluchtlandschaft allein kann – wie das Bild »Bergtal« von 1971 (Abb. 10) beweist – zur Metapher des unter hohem Gefühlsdruck stehenden Themas werden. Das Bild zeigt übrigens geradezu beispielhaft, wie Ilse Weber den emotionalen Überdruck durch ein geometrisch-ornamentales Verstrebungswerk eindämmen konnte.

10. VOM NUTZEN DER UMWEGE

Blickt man vom »späteren« Werk zurück auf die »konventionelle« Phase in Ilse Webers Schaffen, so erscheint diese wie ein unnötiger Umweg. Statt wie andere begabte Künstler ihrer Generation nach dem Frühwerk unverzüglich »modern« zu werden und mit dem Beitrag zur Kunstgeschichte zu beginnen, verfiel Ilse Weber in einen jahrelangen Blockierungszustand; schlimmer noch, sie geriet ins epigonale Fahrwasser einer schweizerischen Idyllik, die sich – falls sie überhaupt je lebendig war – in der Nachkriegszeit vollständig totgelaufen hatte. Und doch war dieser scheinbare Umweg für sie wohl der richtige Weg, denn er war die unerlässliche Voraussetzung für das »spätere« Werk.

Nur eine Künstlerin, welche die Blockierung, den Vermeidungszwang und die Katastrophenangst, die zur besagten Idyllik gehörten, am eigenen Leibe erfahren hatte, konnte deren Überwindung darstellen. Die Künstlerin hat ja auch in der »späteren« Periode mit ihrer künstlerischen Vergangenheit und den Traditionen, aus denen sie hervorging, nicht Tabula rasa gemacht, sondern diese einer wundersamen Verwandlung unterzogen. Die Idyllik der »Schweizer

Abb. 10: BERGTAL, 1971

hatte, hat sich Ilse Weber in den langen Jahren ihrer »Blockierung« angeeignet. Ihre Bilder sind – bis in die vorgetäuschte Naivität hinein – gekonnt und hinreissend gemalt.

II. DER TEIL DES BETRACHTERS

Für Ilse Weber war ihre Kunst »das rettende Element, das Überlebensprinzip« (Marie-Louise Lienhard). »Das 'Nulla dies sine linea' war ihr Refugium, wie denn im liebevoll geführten Zeichentagebuch die vierte Eintragung nach der Ankunft in der neuen Heimat, im August 1982, die in eine ornamentale Komposition eingebetteten Worte 'Le Refuge Mon Art' enthält.«[14] Malen und Zeichnen waren also für Ilse Weber eine tägliche Übung, Selbsttherapie, meditative Einkehr, ein mystischer Weg zu sich selbst und darüber hinaus. Der Nutzen solchen Kunstschaffens für die Künstlerin ist evident; was aber soll und kann der Betrachter mit den Bildern, die aus dieser Kunstübung hervorgingen, anfangen? In den meisten Fällen wird sein Intellekt – zumindest unvorbereitet – nicht in der Lage sein, die ihm aufgegebenen Bilderrätsel zu entziffern. Das lag selbstverständlich in der Absicht der Künstlerin. Der Betrachter wird damit auf andere Sensorien verwiesen; auf seine Sensibilität für Stimmungen, für den Ausdruck von Gefühlszuständen. Wer auf dieser Ebene nicht anspricht, nicht anzusprechen vermag, dem dürfte die Weber'sche Bildwelt verschlossen bleiben. Wer sich dem Verständnis öffnen kann, hat die Chance herauszufinden, was die Bildstimmung, was die Weber'schen Metaphern mit ihm selbst – mit dem eigenen inneren Weg – zu tun haben. Der meditative Charakter dieser symbolischen Kunst ist also nicht auf die Künstlerin beschränkt – er kann vom Betrachter geteilt werden.

Kunst« war und blieb der künstlerische Background, aus dem heraus das »spätere« Werk entstand. Die »Verzeitlichung« und die ganze Symbolik des Fliessens wäre undenkbar ohne die Erfahrung der »stillestehenden« Zeit, wie sie die Idyllik prägte. Die Zelebration des Stroms der Assoziationen und Analogien: undenkbar ohne die Erfahrung des Vermeidungszwangs.

Das tiefe Verständnis für das analogische Denken und dessen selbsttherapeutische Dimension: nicht möglich ohne die Erfahrung des Blockiertseins.

Die »solide, konventionelle Schweizer Malerei« des »früheren« Werks war auch die künstlerische die Voraussetzung für die stimmige Gestaltung der Metaphern. Die »späteren« Werke sind ja aus »Wirklichkeitsfragmenten« – Häusern, Bäumen, Menschen, Flüssen, ganzen Szenerien – zusammengesetzt, die erhebliches »gegenständliches« Können erforderten. Was die schweizerische Idyllik an Malkultur, Motiven und an malerischer Erfahrung zu vermitteln

Ein schwieriges Unterfangen ist im vorliegenden Fall der Versuch, die Bilder aus der Biographie der Künstlerin zu interpretieren, denn

---

[14] M.-L. Lienhard, a.a.O., ohne Seitennumerierung

sie hat uns von ihrem inneren Leben – ausser natürlich in den Bildern – kaum etwas mitgeteilt. Offenbar erschien es ihr für das Verständnis ihrer Kunst nicht wichtig. Auch in den Bildern selbst wird einer blossen Verstandesdeutung durch Unklarheiten und Unschärfen ein Riegel geschoben; oft ist das Dargestellte nicht oder nicht eindeutig identifizierbar. Der Betrachter wird auf seine Phantasie verwiesen. Es darf sie getrost gebrauchen, denn es gibt sowieso keine richtige oder falsche Interpretation der Weber'schen Werke; jede Deutung wird unweigerlich über den Deuter ebensoviel aussagen wie über das gedeutete Werk.

12. INNEN IST AUSSEN

Ilse Webers erstaunliche Wende führte nach innen, zu den wahren Gefühlen, zur inneren Biographie. Aber was sie als Innenwelt beschrieb, war plötzlich auch aussen, geschah in der Aussenwelt. Ihre erstaunliche Wende fiel zusammen mit einer Wendezeit. Indem sie ihre inneren Veränderungen beschrieb, schuf sie Metaphern für ein gesellschaftliches Geschehen, wurde selbst zu einer Protagonistin des Auf- und Umbruchs, der sich Ende der fünfziger Jahre zunächst in der Kunst ankündigte und dann in den sechziger Jahren die gesamte Gesellschaft erfasste. Der Kunstkritiker Max Wechsler hat das Kunstgeschehen dieser Jahre auf den Begriff der »ersten schweizerischen Kunstemanzipation« gebracht und von einer neuen künstlerischen Haltung gesprochen. Diese sieht er darin, dass sich die Künstler/innen seit den 60er Jahren durch »die schweizerische Wirklichkeit mit ihrem rigorosen Lebensregel-System« nicht mehr länger neurotisieren liessen. »Sie emanzipierten sich vom Schweizer-Sein und fanden eine neue Heimat in der Kunst selbst – in einer Kunst, ironischerweise, die lange Zeit ganz dem Privaten verhaftet war, die aus den Erfahrungen des Individuums mit seiner unmittelbaren Lebenspraxis schöpfte, im Kern also typisch schweizerisch war.«[15]

Zu den Künstlerinnen und Künstlern dieser »ersten schweizerischen Kunstemanzipation«, die sich nicht mehr von der schweizerischen Wirklichkeit neurotisieren liessen, sondern aktiv zu deren Entneurotisierung beitrugen, gehörte – wiewohl sie gut zwanzig Jahre älter war als die Aufbruchgeneration – auch Ilse Weber.

Die Arbeit an sich selbst, die sie in ihren heilsamen Metaphern vollzog, war in dieser Situation der kollektiven Neurose – mit ihren Idyllik-Phantasien und ihren Vermeidungszwängen – keine Privatsache, sondern Bruch öffentlicher Tabus.

Ilse Weber hat daher mit ihrer Abkehr von Idyllik und Verdrängung Zeitzeichen gesetzt. Obwohl – oder vielmehr gerade weil ihre erste Priorität Selbstfindung war, hat sie ein epochentypisches und epochenkritisches – Werk geschaffen.

Die künstlerische Relevanz, die das Weber'sche Schaffen nach der »Wende« gewann, wurde – nachdem zuvor schon Heiny Widmer darauf aufmerksam gemacht hatte – zu Beginn der siebziger Jahre vom Luzerner Kritiker Theo Kneubühler erfasst, der ein Buch über jene Künstler/innen herausgab, die seines Erachtens in der Schweiz den Aufbruch der sechziger Jahre verkörperten. In seiner Zeitgeist-Dokumentation »Kunst: 28 Schweizer« war – als einzige Vertreterin (die Vertreter sind mitgezählt!) ihrer Generation die damals 64-jährige Ilse Weber zu finden. Auswahlkriterien waren »Innovation« und »Intensität«: »Unter 'Innovation'«, schrieb Kneubühler, »verstehe ich in diesem Zusammenhang: der objektive, das heisst, sich aus der kunstgeschichtlichen Entwicklung kristallisierende Neuheitsgrad der künstlerisch-syntaktischen Methode, sowie die subjektive Eigenheit oder Eigenart im Semantischen. Unter 'Intensität' verstehe ich: der sich offenbarende Grad der Sichtbarmachung von Existentiellem.«[16]

Im Jahre 1981 veranstaltete Martin Kunz, damals Konservator

---

[15] Max Wechsler: Die Idylle sprengt die Enge. Schweizer Kunst heute. in: Kat. der Ausstellung »Blüten des Eigensinns – Acht Schweizer Künstler«, Kunstverein München 1984, S. 12
[16] Theo Kneubühler, a.a.O. auf Umschlagvorderseite

des Kunstmuseums Luzern, die Ausstellung »Schweizer Kunst '70–'80. Regionalismus/Internationalismus. Bilanz einer neuen Haltung in der Schweizer Kunst der 70-er Jahre am Beispiel von 30 Künstlern«. Auch an dieser Ausstellung, der sowohl für die Rezeptionsgeschichte der siebziger Jahre wie für das folgende schweizerische Kunstschaffen eine Schlüsselfunktion zukommt, war Ilse Weber vertreten. Die neue Haltung, die Kunz dokumentierte, war der Regionalismus. Die damals 73-jährige Ilse Weber erschien in Ausstellung und Katalog nicht etwa im »Prolog«, bei den Wegbereitern (Franz Eggenschwiler, Franz Gertsch, Friederich Kuhn, Dieter Roth und André Thomkins); sondern bei den »Jungen«, den Regionalisten der siebziger Jahre! In der Ausstellung waren dies John M. Armleder, Luciano Castelli, Martin Disler, Marianne Eigenheer, Heiner Kielholz, Urs Lüthi, Chasper-Otto Melcher, Markus Raetz, Claude Sandoz, Jean Frédéric Schnyder, Hugo Suter, Niele Torroni, Aldo Walker und Rolf Winnewisser.

Nach Auffassung von Martin Kunz bestand die neue, regionalistische Haltung darin, dass »der persönliche (psychisch/geistige) wie der regionale kulturelle Kontext des Künstlers als Quelle wie Bezugspunkt für seine Bildfindung in verstärktem Masse eingesetzt wird, ohne die in der internationalen universalen Kunstsprache der Zeit entwickelten Möglichkeiten zu ignorieren«.[17]

13. DAS REGIONALE UND DAS INTERNATIONALE

Wie Max Wechsler in seinem Aufsatz »Die Idylle sprengt die Enge – Schweizer Kunst heute« von 1984 ausführt, ist das entscheidend Neue an der regionalistischen Haltung, »dass sich der Künstler nicht mehr epigonal an einem international gefestigten Kunststil oder gar an der schweizerischen Norm orientiert, wie dies in der Schweiz bis in die 60-er Jahre bei vielen Künstlern der Fall war.«[18]

Ilse Weber hat sich nie an einem »international gefestigten Kunststil« orientiert, und hat die »schweizerische Norm« Ende der fünfziger Jahre hinter sich gelassen, ohne das Schweizerische ganz zu verneinen. Ihr Werk war – und zwar ab Ende der fünfziger Jahre – sowohl schweizerisch als auch unschweizerisch, es brach mit der Vergangenheit und setzte doch Traditionen fort. Gerade darin aber war sie vorbildlich für eine ganze Generation jüngerer Künstler. Im Hinblick auf die Kunst der achtziger Jahre sagt Marcel Baumgartner: »Die Vermutung, dass gerade das erfrischend UNSCHWEIZERISCHE dieser neuen Schweizer Kunst es war, das wesentlich zu ihrem Erfolg beitrug, liegt, wenn die hier vorgelegte Sicht vom Gang der Ereignisse zutrifft, auf der Hand. Dennoch könnte sich ein solcher Schluss als zu schnell erweisen. Jedenfalls gibt es, neben den Brüchen, auch die Kontinuität – und vielleicht ist es gerade die Kontinuität, welche zu einem nicht geringen Grad die Qualität der besten ? – besser vielleicht: der bezeichnendsten Arbeiten ausmacht.«[19]

Der hier verwendete Begriff des »Unschweizerischen« meint wohl nicht einfach das INTERNATIONALE oder AUSLÄNDISCHE, sondern vielmehr die Verletzung schweizerischer Tabus. Die Wende der sechziger Jahre bestand gerade im Durchbrechen und schliesslich in der Aufhebung gesellschaftlicher und künstlerischer Tabus, die aus einer kollektiven Abwehrhaltung (Igel- und Inselmentalität, geistige Landesverteidigung) resultierten. Im sozialen Bereich führte diese Abwehr zu Konformismus, Intoleranz und Überwachung, in der Kunst zur beschriebenen Idyllik, zu »Enge«, »Themenmangel«, Erstarrung und Unterdrückung der eigenen Persönlichkeit. Tabuverletzend war in dieser Situation

---

[17] Martin Kunz, zit. nach: Hans Jürg Kupper: Die nicht gescheiterte Hoffnung, in: Basler Zeitung vom 9. 2. 1981
[18] Max Wechsler, a.a.O., S. 15f.
[19] Marcel Baumgartner: »und plötzlich diese Weite. Wandel und Konstanz in der Schweizer Kunst von 1960 bis 1990«, in: Junge Schweizer Kunst. Sammlung der Gotthard Bank, S. 16

alles Unidyllische, Offene, Welthaltige, Fliessende, Selbsthaft-Persönliche.

Ilse Webers Werk kommt aus der »Enge« und überwindet sie, aber nicht um den Preis der Tabula rasa. Wie bereits angetönt wurde, ist ihr »späteres« Schaffen ohne den psychologischen und künstlerischen Hintergrund der schweizerischen Idyllik undenkbar.

Last, but not least war auch die traditionalistische »Schweizer Kunst« ein Regionalismus – wenn auch möglicherweise ein provinzieller. Indem Ilse Weber Traditionen der konservativen »Schweizer Kunst« weiterführte, bezog sie auch in ihrem »späteren« Werk eine grundsätzliche Gegenposition zum Modernismus, zu dessen unverzichtbaren Grundpostulaten ja der Internationalismus – und der internationale Stil – gehörten.

Aber auch dem Antimodernismus des schweizerischen »art officiel« wurde von ihr eine Absage erteilt, setzte sie sich doch mit der Weiterentwicklung dadaistischer und surrealistischer Methoden wie Collage und »Verdichtung« auch modernistische Traditionen fort.

Damit gehört Ilse Weber einesteils in die Nachfolge des (schweizerischen) Traditionalismus, andererseits in diejenige des (internationalistischen) Modernismus: die post-moderne Position des »Sowohl- als auch« ist bei ihr schon zu Beginn der sechziger Jahre erreicht. Das »spätere« Werk Ilse Webers steht, nicht von der Wirkungsgeschichte, wohl aber von der »Sache« her – auch international – in einem avancierten zeitgenössischen Kontext; sie ist nach 1960 nicht nur up to date, sie ist in mancher Hinsicht der Entwicklung voraus. Das gilt zum Beispiel in Sachen Regionalismus. Was andere als »neue Haltung« der siebziger Jahre entdeckten, begann bei ihr um 1960. Ilse Weber gehört nicht nur für schweizerische Verhältnisse, sondern international zur regionalistischen »Vorhut«. Der Regionalismus war (und ist) ja kein schweizerisches Phänomen, sondern genauso international wie die modernistischen Versuche, einen internationalen Stil zu begründen. Es gibt kaum eine Kulturregion, die in den letzten Jahrzehnten nicht in ihren Regionalismus hervorgebracht hätte.

Ilse Weber ist eine frühe und bedeutende Protagonistin des schweizerischen Regionalismus. Allein schon dadurch ist ihr Werk auch international von Interesse, denn ein Regionalismus kann – per definitionem – nicht durch einen andern ersetzt oder übertroffen werden; der andere Regionalismus wird immer für etwas Anderes, eine anderes kulturelles Erbe, ein anderes Erleben stehen. Daher vermögen bedeutende regionalistische Künstler international zu interessieren. Die vergleichende kunsthistorische Würdigung der diversen Regionalismen und die Analyse ihrer Vorgeschichte in den sechziger Jahren stehen noch aus. Doch die kunsthistorischen Sachbearbeiter haben bereits mit der Einrichtung des »Musée imaginaire (international)« des Regionalismus begonnen; es ist jetzt schon vorauszusehen, dass Ilse Weber darin ein Ehrenplatz zukommen wird.

DIE INDISCHEN SCHUHE, um 1930, Öl auf Karton, 21,5 × 29 cm

RÖMER LANDSCHÄFTCHEN, 1938, Öl auf Leinwand, 29 × 39,5 cm

DREI KRÜGE, um 1938, Öl auf Leinwand, 38 × 45 cm

LEERE LANDSCHAFT, 1944, Bleistift auf Papier, 38 × 54 cm

LANDSCHAFT, 1944, Öl auf Leinwand, 32 × 55 cm

MÄDCHEN MIT PUPPE, 1945, Kohle auf Papier, 42 × 60 cm
STILLEBEN MIT FLASCHE, 1953, Bleistift auf Papier, 42 × 35,5 cm

DER VERLASSENE TISCH, 1958, Öl auf Leinwand, 68 × 80 cm

WINTERENDE, um 1960, Öl auf Leinwand, 62 × 102 cm

DER GEFESSELTE BAUM, um 1959, Öl auf Leinwand, 84 × 118 cm

BROT AUF BECHER, um 1964, Öl auf Leinwand, 34 × 42 cm

DIE UNBEWOHNTE STADT, 1962, Eitempera auf Leinwand, 96 × 130 cm

LANDSCHAFT MIT AUFGESTELLTEN STEINEN, 1966, Öl auf Leinwand, 80 × 98 cm

SELTSAME FAHRT, um 1966, Eitempera auf Leinwand, 96 × 129,5 cm
MARMORDÄCHER, um 1965, Eitempera auf Leinwand, 104 × 80 cm

DIE FLÜSSE, 1968, Bleistift auf Papier, 44 × 57 cm

ZIMMER IM WALD, 1968, Bleistift auf Papier, 37,5 × 48 cm

IST ES FRÜHLING ODER WINTER?, 1972, Gouache auf Papier, 41 × 55,5 cm
STÄNDER, 1970, Bleistift auf Papier, 64,5 × 50 cm

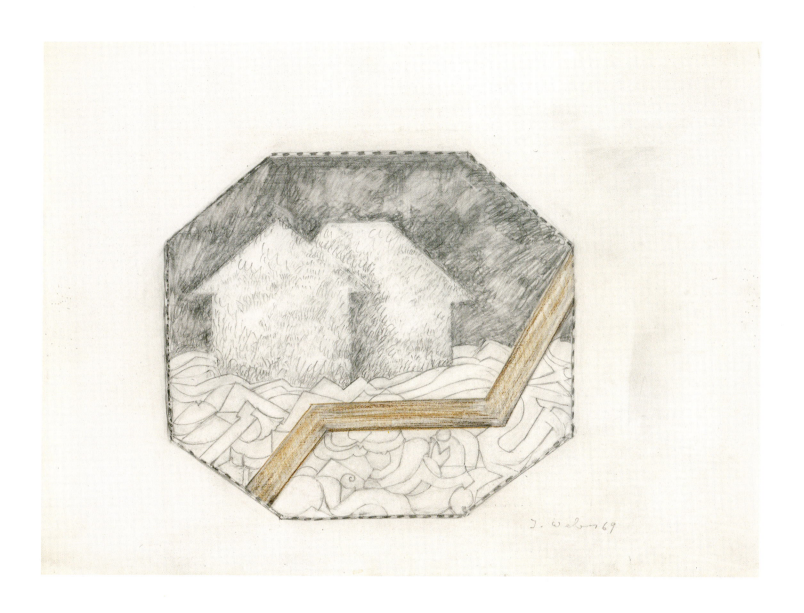

HÄUSER IN DER NACHT, 1969, Bleistift und Farbstift auf Papier, 50 × 65 cm

TUCH AUF DER WIESE, 1972, Bleistift auf Papier, 40,5 × 59 cm

GRASNARBEN, 1972, Farbstift auf Papier, 48,5 × 62 cm

LANDSCHAFT II, 1972, Bleistift auf Papier, 39 × 50 cm

UMSPANNTES HAUS, 1972, Bleistift auf Papier, 45 × 65 cm

FEUER, 1972, Bleistift auf Papier, 49,5 × 64,5 cm

DER WALD, 1970, Öl auf Leinwand, 67 × 87 cm

METROPOLITAN, um 1969, Öl auf Hartfaserplatte, 54,5 × 72,5 cm

VERGESSENE LANDSCHAFT, 1970, Öl auf Leinwand, 51 × 126 cm

SCHIFF AUF NÄCHTLICHER FAHRT, um 1970, Öl auf Leinwand, 96 × 130 cm

HERRENBERG, 1971, Bleistift auf Papier, 50 × 65,5 cm

WIE EINE LANDSCHAFT

Ueberlebende an Bord der «Carpathia»

Amazonensieg in der Kategorie S (Programm 15, Klasse A): Marianne Gassweiler auf Stephan.

Traum der Hl. drei Könige
Kapitell in Autun

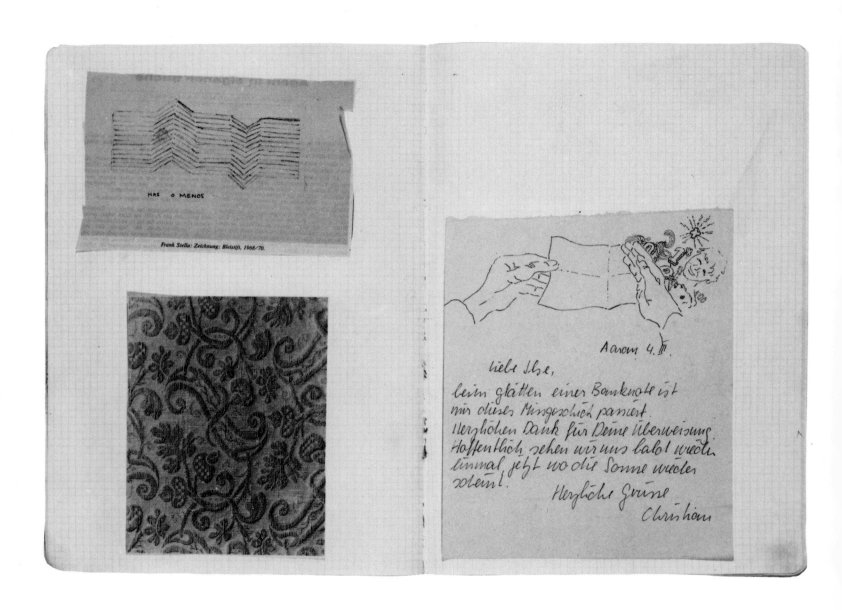

Frank Stella: Zeichnung: Bleistift, 1968/70.

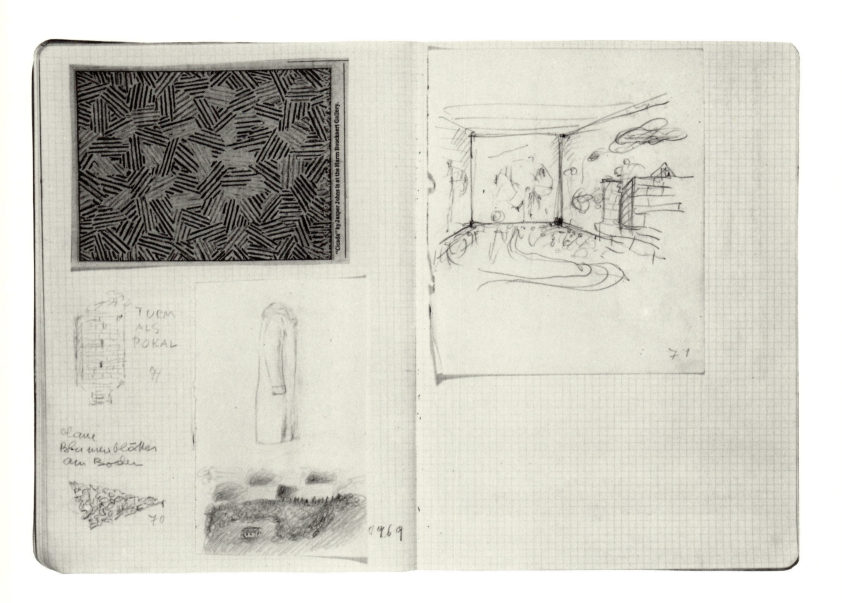

Paul Klee: *Drei junge Exoten* (Kunstmuseum Bern).
Trois figures exotiques (Musée des beaux-arts de Berne).
Tre giovani esotici (Museo bernese di Belle Arti).
Three exotic figures (Berne Art Museum).
Tres jóvenes exóticos (Museo de Bellas Artes de Berna).

Ahnenfigur aus Holz in sitzender Haltung. Insel Leti.
Statue d'ancêtre en bois en position assise. Ile de Léti.
Figura seduta di antenato scolpita nel legno. Isola di Leti.
Ancestral wooden figure in sitting position. Leti Island.

Die Materialhefte und Zeichnungsbücher der Künstlerin

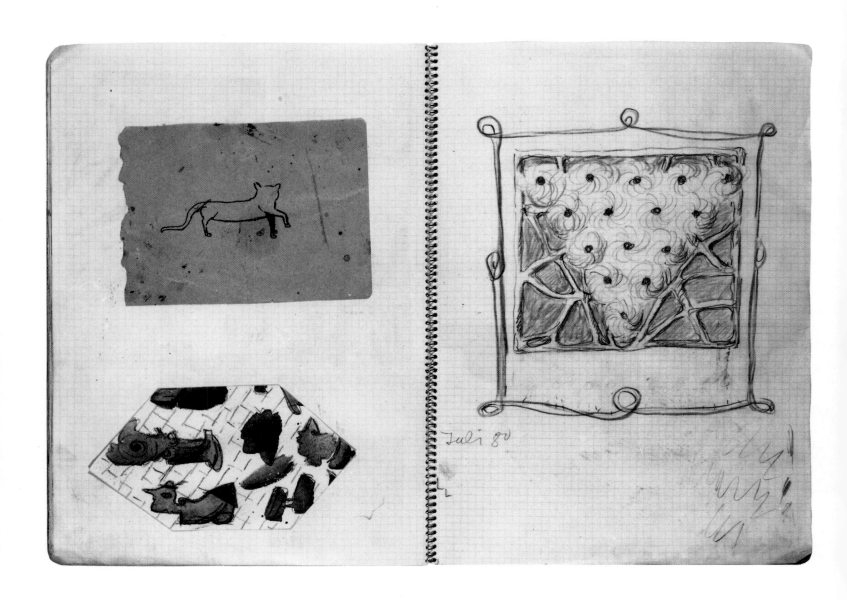

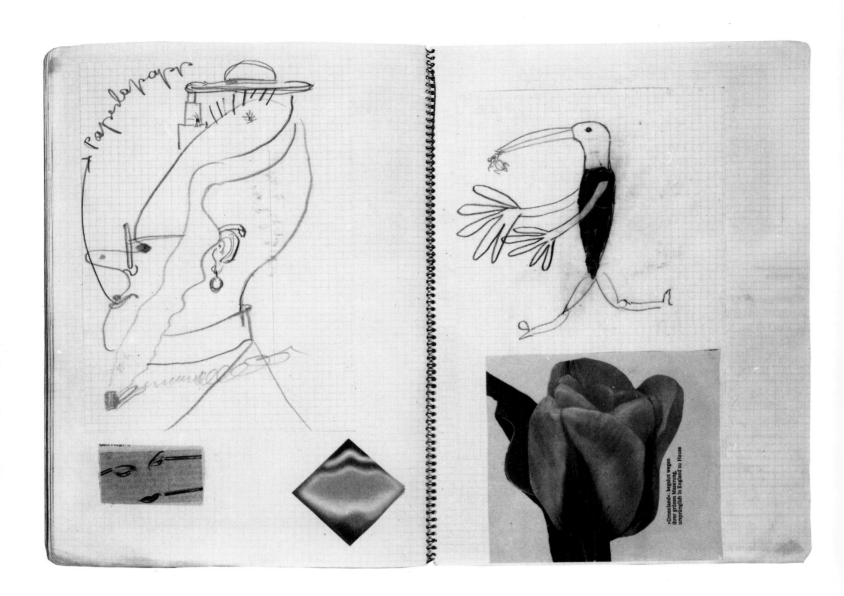

Die Ruine der ehemaligen Residenz der Fürsten von Anhalt-Zerbst; hier wurde Katharina die Grosse von Russland geboren.

Nous ..... qui faisons
des vers avec froidement !

Heilige Kühe der Deutschen (XI) Hochgelobt ist die Buche,

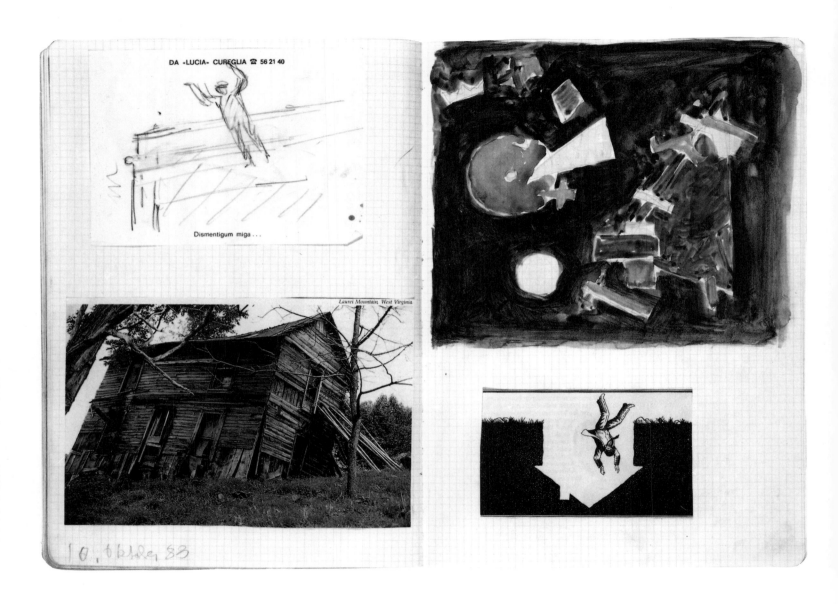

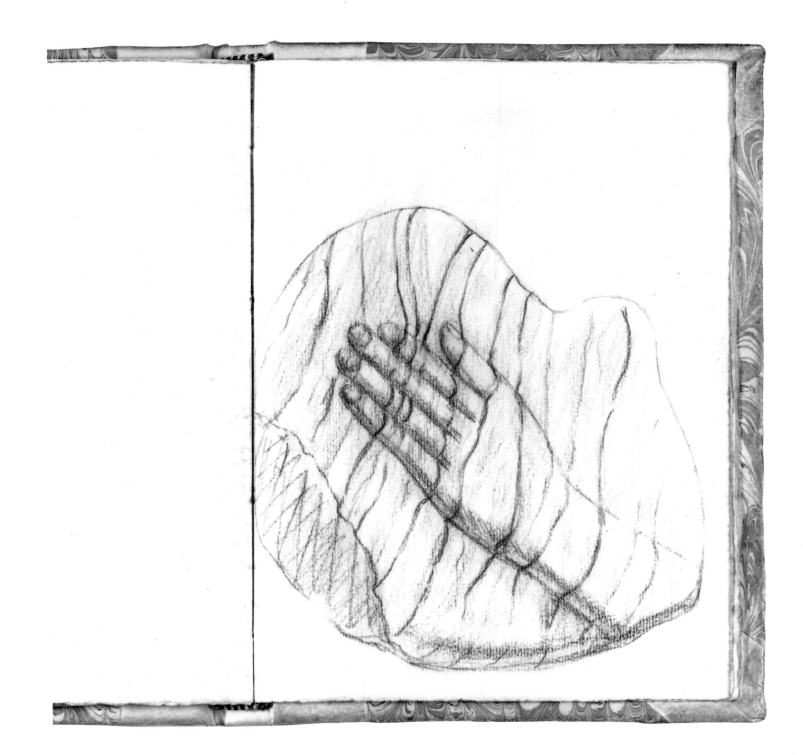

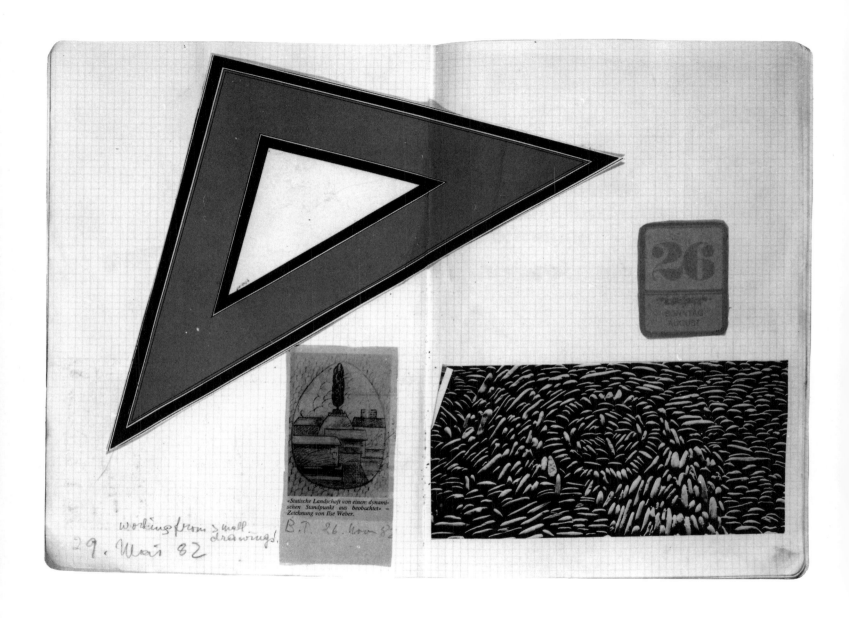

29. Mai 82 working from small drawings!

HERRENBERG

INNERSCHWEIZER LANDSCHAFT, 1973, Bleistift auf Papier, 41 × 58,5 cm

WASSERFALLHÜTTE, 1972, Bleistift auf Papier, 50 × 65,5 cm

DAS FEST HAT NICHT STATTGEFUNDEN, 1972, Bleistift auf Papier, 45 × 55 cm

LANDSCHAFT IM WIMPEL, 1971, Öl auf Leinwand, 50,7 × 126 cm

ÄGYPTISCHER VOGEL, 1973, Wasserfarbe auf Papier, 30 × 40 cm

DIE GEKREUZTEN FLÜSSE, 1975, Gouache auf Papier, 46 × 60 cm
STÜCK VOM GÖTTERBAUM, um 1976, Acryl auf Leinwand, 58 × 58 cm

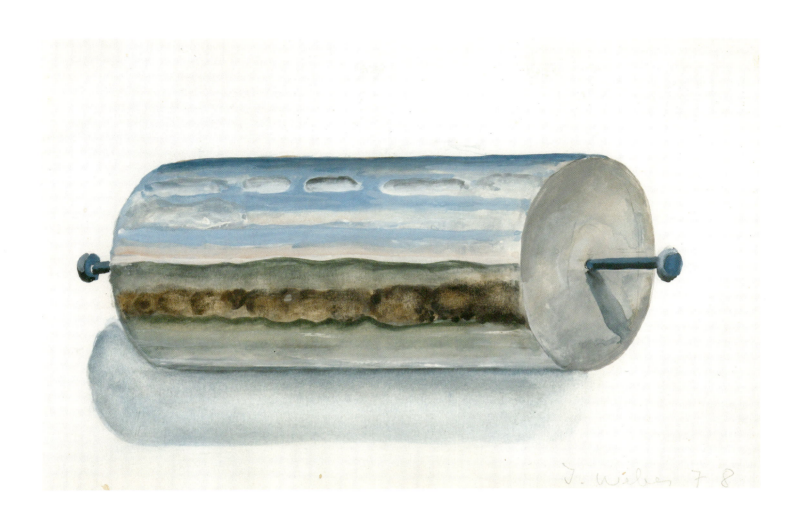

ABENDLANDSCHAFT, 1978, Wasserfarbe auf Papier, 25 × 37 cm
IM LOFT, 1978, Wasserfarbe auf Papier, 42 × 33,7 cm

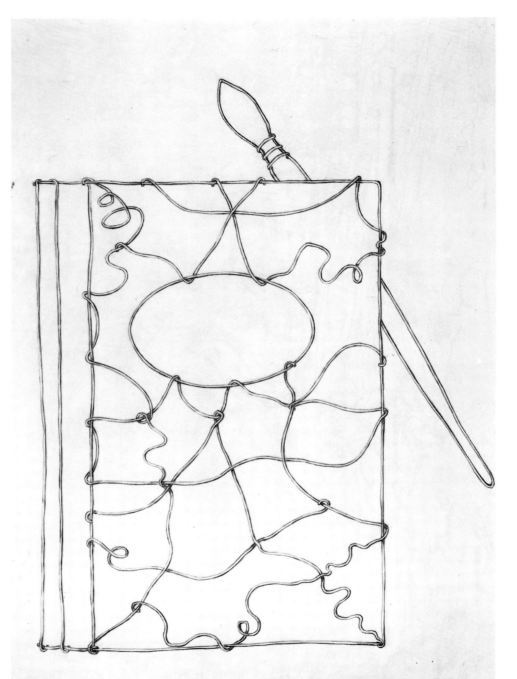

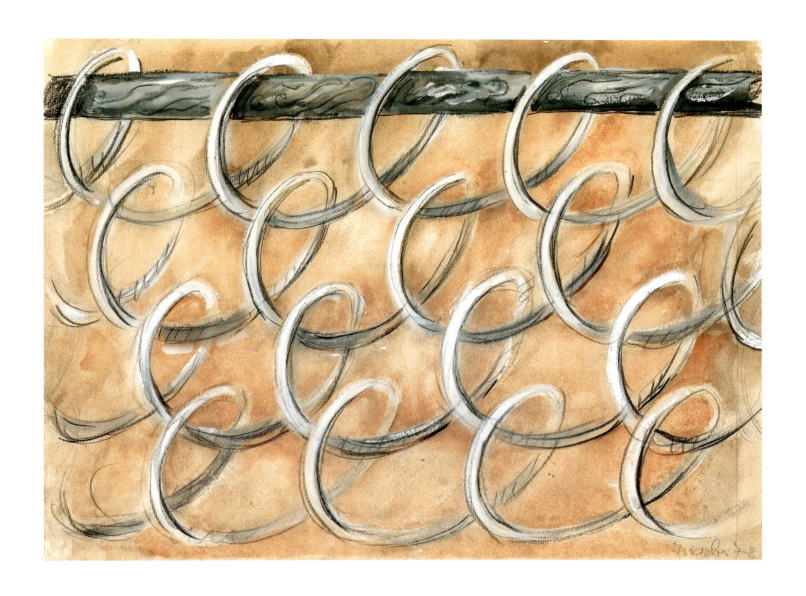

SCHLAUFEN, 1978, Wasserfarbe und Bleistift auf Papier, 35,5 × 47,5 cm
PLAKATENTWURF, 1977, Bleistift auf Papier, 74 × 56,5 cm

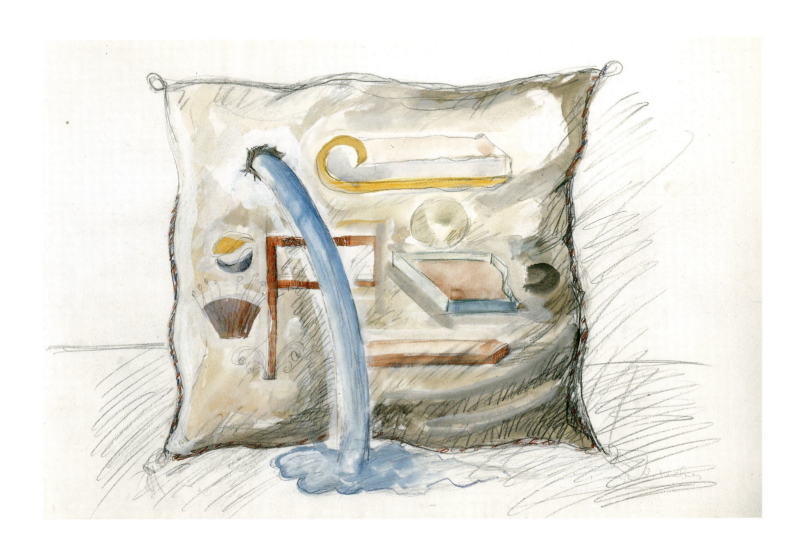

WASSERFALLKISSEN, 1976, Wasserfarbe und Bleistift auf Papier, 50 × 73 cm

FLUSS GEHT DURCH DEN KAHLEN WALD, 1973, Bleistift und Farbstift auf Papier, 41,5 × 53,5 cm

MIT ASCHE BEDECKT, 1982, Wasserfarbe und Bleistift auf Papier, 48,5 × 63,3 cm
EXPLODIERENDER BAUM, 1973, Bleistift auf Papier, 38,5 × 29 cm

FELDBLUMEN, 1979, Bleistift auf Papier, 49 × 64 cm
FELDBLUMEN IM GEHÄUSE, 1982, Bleistift auf Papier, 64 × 50 cm

UND AUS DEN WIESEN STEIGET..., 1984, Wasserfarbe auf Papier, 49 × 64,5 cm

VERTIEFUNG IM WASSER, 1981, Wasserfarbe auf Papier, 49,5 × 64,5 cm

TOM AND JERRY, 1981, Gouache auf Papier, 30,5 × 46 cm

HABENT SUA FATA LIBELLI, 1982, Bleistift, Wasserfarbe und Gouache auf Papier, 38 × 58 cm

DIE ROTE KIRSCHE, 1981, Öl auf Leinwand, 22 × 32,5 cm

NACHTCAPRICCIO, 1981, Bleistift, Wasserfarbe und Gouache auf Papier, 31 × 46 cm

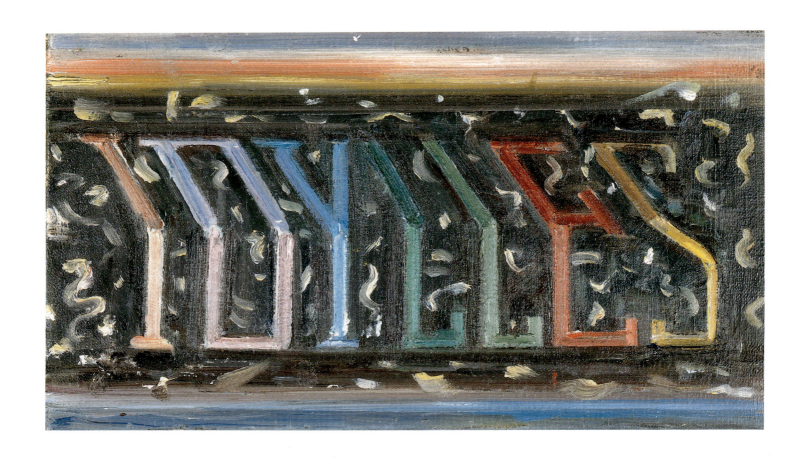

IDYLLES, 1981, Öl auf Leinwand, 19 × 33 cm

STÄBE IM KORNFELD, 1981, Öl auf Leinwand, 19 × 33 cm

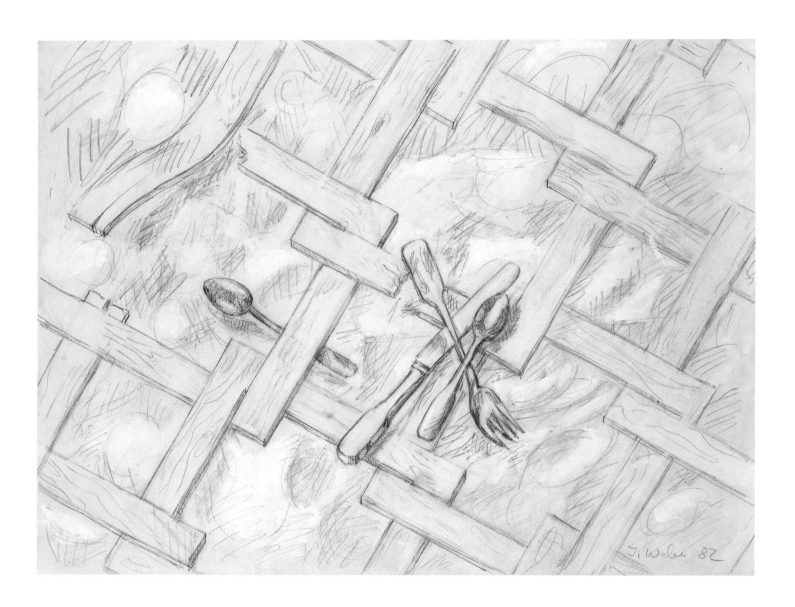

BESTECK IM GEFLECHT, 1982, Bleistift und Lackfarbe auf Papier, 50 × 65 cm

EILIGER MANN, 1982, Gouache, 47,5 × 61 cm

DAS QUINTESSENTIELLE DREIECK, 1983, Wasserfarbe auf Papier, 31 × 46 cm
GITTERDREIECK, 1984, Wasserfarbe auf Papier, 50,5 × 38 cm

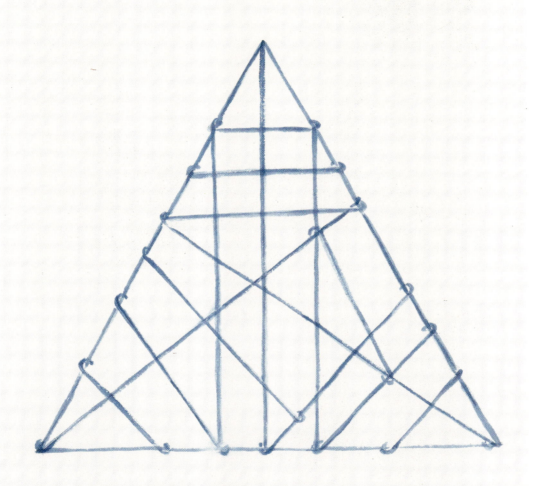

DER SALTO, 1982, Wasserfarbe auf Papier, 49,5 × 64 cm

LANDSCHAFT, 1983, Wasserfarbe auf Papier, 49 × 63,5 cm

«DRAWING» ROOM, 1983, Bleistift auf Papier, 45,5 × 60 cm

GESICHTER IM DUNKEL, 1983, Kohle und Farbstift, 48,5 × 64,5 cm

YASTE, 1984, Wasserfarbe auf Papier, 49 × 64 cm
BAUMZERLEGUNG, 1983, Wasserfarbe auf Papier, 45,5 × 30,5 cm

DER HAMMER ENTFÄHRT DER HAND, 1983, Kohle auf Papier, 49 × 65 cm
THE SIDE ENTRANCE, 1984, Wasserfarbe auf Papier, 50,5 × 37,5 cm

LEUCHTENDES FAHRRAD, 1984, Öl auf Leinwand, 60,5 × 76 cm
KEIL MIT GRÄSERN, 1983, Farbstift auf Papier, 45,5 × 30,5 cm

LE REFUGE MON ART, 1983, Kohle und Wasserfarbe auf Papier, 50 × 65 cm

VERWANDTE PAUSEN

von Theo Kneubühler

Durchs Tal, lange durchs Tal fahren, Nische und Nase, Nische und Nase. Man schaut rechts aus dem entfernteren Fenster und sieht den entlegenen Hang, er ist erdigbraun verbrannt, man kommt näher, folgt der engen Kurve in den innersten Teil der Bucht und sieht den Hang aus dem eigenen Fenster nah vergrössert grüner und da liegen auch helle Steine wie Kreuzungsstellen einiger Masse. Im entfernteren Fenster zeigt sich kurz der ganze Hügel, der vorher nur Hang war. Und auch die Gegenseite des Tales bewegt sich mit, so dass man oft nicht mehr weiss, was zur Gegenseite und was zur eigenen Seite gehört. Man verwechselt, ohne dass mans weiss. Obwohl die Blicke flechten und entflechten, sie bauen, indem sie entästeln und verästeln, wuchert der Raum. Dann werden da unten vor allem die Bilder. Verzweigt sich dann die Strasse wie ein Y, geschieht dort etwas einmal auf verschiedene Weise.

Am Sonnenhang durchs Tal gehen, das auch Wald ist. Eiben, Buchen, Eschen, Tannen und Orte, wo die Erde vom Hang rutscht, da erscheint der Kalksteingrund, er ist von Wurzeln durchbrochen, was eine Mauer ist, Lage um Lage genau gesprengter Steine, dazwischen die Wurzeln. Und dann aufwärts schräg am Sonnenhang entlang. Im Unterholz knackt es. Ein Reh zeigt sich kurz, vor allem was weiss und klein ist. Es knackt und raschelt lange noch. Das Reh scheint auf die andere Talseite geflohen zu sein. Weiter aufwärts zur Wiese, die einer entblösste Schulter oben im Wald ist. Dort äst das Reh. Es flieht den Weg schräg hinunter. Es knackt und raschelt im Sonnenhang. Der Weg dann durch die Kehle hinüber, wo die Stechpalme weit und gross steht, zur dornenüberwachsenen Pyramide, dann durch den Kanal zum steinigen Kretenweg auf die Schattenseite des Tales. Dort in der Nähe des granitenen Grenzsteins wartet das Reh. Es erstarrt kurz, wendet sich, heller Spiegelfleck, und flieht auf die Sonnenseite des Tales, was durch immer leiseres Rascheln und Knacken hörbar wird. Das Reh scheint auf Quer- und Seitenwegen leicht voraus zu sein.

Alldie Sachen, die man im Verlaufe der Jahre nur stärker ins Wohnzimmer nimmt, ein Turmreiter, vor allem seine dünnlichte Schuppung, der Fisch, der im kürzesten Blitz aufscheint, auch der mehlig verwischte Glanz der langsamen Messingkugelwelt, oben auf dem Turm gesichert, und klein der starre Wind in der Flagge, und das Velo, das im Mittag der Weisssonnenzeit um Pfingsten im verwischten Licht an der Hauswand wartet und alldie anderen falschen Schatten und vollen Kleider, sie sind langsam, sie wohnen, sie wissen, vor allem das in die Wand versickernde Lichtweiss, mürbe und porös, es sagt Schwamm darüber. Es braucht aber ein Ohr an der Wand. Das Besetztzeichen, ziehend und geduldig langlanglang, es hört, was wird, werden kann.

Ich bin nicht gut im Abschiednehmen, sagt sie mit schwarzen Karos im roten Rock und hellen Schaufeln im Himmel. Das halbe Dorf schaut aus bodennahen Dächern zu. Ob bald nur noch Schnee gefallen sein wird. Sein Tüchlein winkt nur weiss geschützt.

Unser Auftrag wäre wandlos, so verhangen schauen die Fenster zum Baum, der wächst. Darüber der Nachthimmel, er ist lange fast schwarz, das langsamste Blau. Ein heller Komet legt sich nicht oft darüber. Decke, sie, die Decke wird auch von unten hell gehalten, weiss, das Spiegelweiss, spiegelweisse helle Decke, sie wächst hinüber.

Hügel, ein weicher Hügel, beide Flüsse, ein Tal, auch das Mittelland und Wiesen und Matten, einige sind gemäht, aber noch lange nicht alle, dachflache Kälte, der Acker, Gewichte und Erde und Berge und alldie Bäume, ja sie sind wichtig Baum um Baum, der ganze Wald, sie alle in die Luft werfen, hoch in die Luft, alles zusammen hochwerfen, der Himmel ist nieder, Wolkenbalkone ziehen hell gegen Sonne und Mond, und nun schauen und warten, langsam warten, ziehend hell schauen bis alles wieder am Boden ist. Was zeigt sich, was nur.

Geduldig wie eine unauffällige Wolke, die klar und langsam ihre Bahn zieht, von weither eine Schachtel auf den Knien tragen, als fahre man meistens Zug. Es sieht so selbstverständlich aus, als wäre sie nur hierher gefallen. Es könnte auch ein Krug, ein kleines Haus, eine Mütze sein. Der Krug ist auch aus Seeluft, das kleine Haus aus gelbschwerem Öl, die Mütze festes Nussholz, die Schachtel aber ein voller roter Vorhang. Sie alle sind gereist, lange gereist und reisen immer noch. Wir brauchen diese Sachen. Sie sind Behältnisse. Du greifst danach. Wasser rinnt über den Rand der Scahchtel, was den Vorhang tiefrot macht. Da fällt die Wolke auf. An was nur liegt es. Was wär der Unterschied. Auf jeden Fall ist das Knie ganz nahes Gelenk, wie auch die Seeluft klar verbindet, auch das warm rinnende Öl, dann sogar die feste Mütze und auch die lange Reise, die fragt und wieder fragt, was nur, was, kannst du in die Weite brauchen.

Wenn einige Plankenstege, du hörst die grosse Eiche wenn du darübergehst, von einigen Seiten übers Wasser aufs Wasser zukommen, ist das auch ein Deck. Die Mitte bleibt offen, da ist das Wasser, da steigt man weiterhin ins Schiff. Ein Schleier senkt sich da langsam, eine Mädchenhand streckt sich dahin, eine Bahre kommt da zum Wasser. Der Steg bleibt auf dem Weg.

Ununterbrochen Wasser, horch. Es fliesst ausnahmslos in beide Richtungen. Zuerst hörst du, was du siehst und du verlierst sein Bett. Du fühlst dann, was du hörst und du sicherst vieles verwechselnd sein Fluss. Und was von hinten knapp antönt, du kannst es winzigklein überhören, um von vorne deutlich ziemlich anders entgegenzukommen. Der Bogen, der uns zieht, trifft unterwegs auf deinen kleinen Pfeil. Wann. Ein Fluss, der sich wieder kreuzt, weiss jetzt vielleicht nur einmal beides.

Alldie wortlos klaren Schriften. Die Pause leuchtet raumweiss durch das Schneegrün. Die Dinge geben dir die Grenze, die du ihnen setzt. Du aber gehst mit dem in dir um, über das keiner Gewalt hat. Du schaust, du verwechselst. Der Hammer entfährt der Hand und Flügel halten das Brot, wo die Baumkrone sich leicht behauptet. Die Fürsichblüte, fortgeschütztes Blau im grossen Feld, kühl, offen, weit. Die naht, du schaust, sie verwechselt, du weisst. Das ist rot, die Farbe, sie bewegt sich in der falschen Zeit. Die Schwelle zum hinteren Eingang. Da liegen Kürzel, voll die Aussparung, sie wächst. Knapper Ton, du kannst ihn scharf und unscharf überhören. Pausenfleck. Die Verwandtschaft hat vor allem Reste. Was ständig übergross dazugehört, wie und wo und was, wachsender Feldertisch, er. Sie, die Pause ist da ein leicht um leicht schwebender Stuhl.

GEZEICHNETE DRÄHTE ZEICHNEN GEGENSTÄNDE

von Hugo Suter

Das Werk von Ilse Weber enthält wenige Blätter, auf denen mit Blei- und partiell auch Farbstiften gezeichnete Drähte zu sehen sind. Die Drähte formen sich zu Umrissen von Gegenständen wie Pinsel, Buch und Flasche.

Drähte sind materielle, aber doch prägnant lineare Gebilde. Ihre Biegbarkeit steht im Widerspruch zur Härte das gleichen Metallmaterials, wenn es in massiver Beschaffenheit vorliegt. Aus Material bestehende Linien (das Wort »Linie« meint im Lateinischen die Leine oder Schnur) nähern sich der gezeichneten Linie an, wenn sie ungewöhnlich dünn sind. Genaugenommen besteht natürlich eine Bleistiftlinie auch aus Material, wenn wir an die Spuren von Graphit denken. Eine Linie ist kein Körper, ein Haar z.B. ist es nur in begrifflicher Hinsicht.

Ilse Weber hat nie dreidimensionale Kunstgebilde aus Draht hergestellt. Der Draht bleibt für sie ausschliesslich von zeichnerischem Interesse. Warum eigentlich sehen wir sofort, das es sich um gezeichnete Drähte (z.B. »Plakatentwurf« 1977) und nicht um Schnüre oder Leinen handelt? Wenn unsere Augen diesen Biegungen folgen, vermittelt sich unweigerlich der Eindruck, nur ein Draht von dieser ganz bestimmten Dicke habe diese Linienverläufe. Lässt sich ein Draht »zeichnerisch biegen«, wenn vorgängig nicht mit eigenen Händen seine Spannungen und Widerstände erkundet werden? Vielleicht hat die Künstlerin vor dem Zeichnen ein paar Drahtstücke von verschiedener Dicke in den Händen verbogen, um Krümmungsverläufe, Knickungen, breite und enge Radien zu beobachten.

Breite Linien als gezeichnete Drähte setzen der Darstellbarkeit von Gegenständen wie Pinsel, Buch und Flasche enge Grenzen. Es ist der Eigenausdruck des Drahtes, der sich in ein irritierend instabiles Verhältnis zum Gegenstand setzt, den er darstellt.

Ilse Weber hat der Virtuosität von spontanen und freien Liniensetzungen immer misstraut. Linien von Matisse z.B., die ungehemmt ins Blattweiss schneiden, vergegenwärtigen immer den ungesicherten Augenblick von alles oder nichts. Die Kürze des Wurfs tritt anstelle des Entwurfs. (Hie und da lässt sich der Redaktor einer Lokalzeitung in der Rezension einer Ausstellung von den »aufs Blatt geworfenen Linien« beeindrucken.)

Ilse Weber entwirft den Draht, zieht ihn vorsichtig über die Papierfläche, um seinen Weg andauernd zu überprüfen und sich zu fragen, ob diese Biegung und jene Knickung noch am Material orientiert oder in die Widerstandslosigkeit und Indifferenz einer dicken Linie geraten sei.

Die Bildarbeit dieser Künstlerin verführt nicht zu spekulativen Deutungsversuchen. Wer auch das Selbstverständlichste zuweilen noch befremdlich findet, wird auf befragungswürdige Ungewissheiten stossen.

FLASCHE, 1976, Farbstift auf Papier, 73 × 52 cm

Aus einem Brief von Hugo Suter an M.-L. Lienhard
vom 15. September 1985

Vor wenigen Tagen ist uns der Bildband »Americana« von Ilse zugestellt worden. Von einem einwöchigen Aufenthalt in Berlin zurückkommend, hätte uns nichts Schöneres passieren können.

Wie reagiert eine gereifte Künstlerpersönlichkeit, wenn sie ihren jahrzehntelangen Schaffensort weiträumig verlegt? In welcher Weise begegnen die gelebten Räume dieser neuen Herausforderung? Wer das Schaffen von Ilse Weber liebt und eine enge Verbindung zu ihm zu spüren glaubt, stellt diese Fragen mit einer Mischung von Neugier und Beklommenheit auch an sich selbst.

»Ich glaube nicht an die Schwerkraft«, war an einer Brandmauer in Berlin zu lesen. Die Quadratur des Zirkels gebe es nicht, in einer sachten Verschiebung davon glaubt man aber, das Pentagramm im »quintessentiellen Dreieck« gesehen zu haben. Weit gefehlt – die Esoteriker kommen bei Ilse Weber nicht zum Zuge. Ilses Schaffen hat mit der Erstarrung von Alltäglichkeit zu tun, nicht mit Begriffen, die im Kopf zur festen Grösse werden. Die Bilder leben von einer Sprachhaftigkeit, die verschieden ist von jener des Wortes. Ein ertastetes Bild bezeichnet immer irgendeinen Abstand, einen Abstand zu den herrschenden, bestimmenden Bildern. Obschon die Linien, Flächen und Farben in Ilses Werken Ausdruck eines vorgegebenen Konzeptes sind, ist es, als müssten sie sich im Moment der Entstehung ihrer Anwesenheit im Bildfeld vergewissern. Nichts von zügiger und gleichzeitig sich entleerender Metiersprache, wie sie hier und in halb Berlin bei kaum der Kunstschule entwachsenen Malern bereits festzustellen ist. »The Side Entrance« als Schwelle, die einen Übergangsort bezeichnet, der weder innen noch aussen ist. Die Schwelle ist ein Unsicherheitsbereich, in dem gerade deshalb viel mehr geschehen kann als an einem Ort, der genau erkundbar ist.

Wo ich eigentlich den Brief beenden wollte, könnte ich mir das quintessentielle Dreieck HERZOG – PALERMO – WEBER vorstellen. Zuweilen fällt es mir schwer, mich mit den landesüblichen Gepflogenheiten und kunstsektoriellen Gebietsansprüchen abfinden zu können.

Es handelt sich dabei um eine sonntagnachmittägliche, momentane und in keiner Weise abgesicherte »Eingebung«, die vielleicht bei den Museen von Aarau und Winterthur zu überprüfen wäre.

ILSE WEBER, 1979

BIOGRAPHIE

Ilse Weber-Zubler wurde am 30. Mai 1908 in Baden geboren.
Ihr Vater, Rudolf Zubler, 1877 im aargauischen Hunzenschwil geboren und als Bauerkind aufgewachsen, wurde Ingenieur und trat 1901 in die noch junge Firma Brown-Boveri ein, wo er, später als Chef der Konstruktionsabteilung für Schalttafelanlagen, sein ganzes Berufsleben verbrachte.
Die Mutter, Frieda Kieser, wurde 1884 in Lenzburg geboren.
Nach dem Besuch des Lehrerinnenseminars in Aarau ging sie als Erzieherin nach England, von wo sie eine für das ganze Leben ausreichende Affinität zur englischen Literatur und zum englischen Lebensstil nach Hause brachte.
Die um zwei Jahre ältere Schwester begann nach der Matura ihr Studium und starb vierundzwanzigjährig an einer septischen Angina.
Der 1909 geborene Bruder wurde Chirurg.
Ilse Weber besuchte nach der Primar- und Bezirksschule die (damals Höhere) Töchterschule sowie die Klavierklasse am Konservatorium in Zürich. 1928/29 verbrachte sie in Frankreich und England. 1930 begann sie zu malen. 1936 und 1937 arbeitete sie bei Othon Friesz in Paris, 1938 in Rom, wo sie ihren Mann, Hubert Weber, kennenlernte und 1940 heiratete. 1941 wurde ihre Tochter Marie-Louise geboren. 1944 starb Hubert Weber in einem Manöver des Aktivdienstes an einem Herzversagen.
Seit 1945 führte Ilse Weber ein Berufsleben als Malerin, erhielt eidgenössische Auszeichnungen 1945 und 1947 (Studienstipendium Florenz) und gestaltete in den fünfziger Jahren zahlreiche Wandbilder und Mosaike.

1949 baute Ilse Weber ihr Atelierhaus am Lägernhang in Wettingen und 1974 mietete sie sich in einer alten Fabrik an der Limmat einen grossen Atelierraum.
Nach dem Tod der Eltern 1957 setzte der entscheidende Umbruch in ihrem Werk ein, wo nun die Zeichnung und das Aquarell dominierten.
Erste grössere Ausstellungen 1967 (Kunsthaus Aarau, mit Roland Guignard) und in der Luzerner Galerie Raeber (1972 und 1975).
Im wichtigen Band »Kunst: 28 Schweizer Künstler« von Theo Kneubühler (1972) und in der Ausstellung »Giovane arte svizzera« (Milano 1972) erscheint sie als Doyenne unter den zwei Generationen Jüngeren.
In den siebziger Jahren Wiederaufnahme öffentlicher Aufträge (Schulhaus Margeläcker, Wettingen und Frauenseminar, Brugg), Werkjahr des Kantons Aarau 1971, wichtige Vertreterin im »Aargauer Almanach« (1975).
1982 erscheint die Monographie »Ilse Weber« mir einem Essay von Marie-Louise Lienhard bei der Edition Raeber, Luzern, der als Ergänzung 1985 »Ilse Weber, Americana« (Werke auf Papier 1982/84) bei Editions Galerie Anton Meier Genève (mit Ausstellung) nachfolgt.
Im August 1982 übersiedelte Ilse Weber mit der Familie ihrer Tochter nach Washington D.C., wo bis 1984 ein in sich geschlossenes Spätwerk entstand. Hier starb am 6. März 1984 Ilse Weber, vor ihrer Staffelei sitzend.

EINZELAUSSTELLUNGEN (AUSWAHL)

1937 Kursaal, Baden
1961 Galerie 6, Aarau
1967 Kunsthaus Aarau, (zusammen mit Roland Guignard), Katalog
1972 Galerie Raeber, Luzern, Katalog
Gluri-Suter-Haus, Wettingen, Katalog
1974 Galerie Krebs, Bern, Bilder und Zeichnungen
1975 Galerie Raeber, Luzern, Die eigentümliche Welt der Ilse Weber, Aquarelle, Gouachen und Zeichnungen 1972–75, Katalog
1976 Galerie Stummer & Hubschmid, Zürich
1979 Galerie Severina Teucher, Zürich, Bilder, Aquarelle, Zeichnungen
Galerie Anton Meier, Genf, peintures, dessins
1982 Galerie Anton Meier, Genf, Travaux sur papier récents
1985 Galerie Anton Meier, Genf, Americana: Dessins, aquarelles et gouaches exécutés aux Etats-Unis de 1982 à 1984, Katalog

KOLLEKTIVAUSSTELLUNGEN (AUSWAHL)

Mitte der 40er Jahre bis Ende der 60er Jahre regelmässige Teilnahme an den Jahresausstellungen der GSMBA, Sektion Aargau

1946 »XXe Exposition Nationale des Beaux-Arts«, Musée d'art et d'histoire & Musée Rath, Genf
1958 »Saffa 58«, Zürich, Die Schweizer Frau, ihr Leben, ihr Arbeiten, Wandbild an der Locanda Ticinese, Katalog
1971 »10 Aargauer Künstler«, Stadttheater St. Gallen
»Forum Schweiz. International. Konfrontation 2: mathematisch-konkrete Kunst – Surrealismus: Max Bill, Camille Graeser, Richard P. Lohse, Max von Moos, Otto Tschumi, Ilse Weber«, Aargauer Kunsthaus, Aarau
1972 »Giovane Arte Svizzera«, Rotonda di via Besana, Milano und Stadthaus Olten, Katalog
»Profile X – Schweizer Kunst heute«, Museum Bochum und Neue Galerie am Landesmuseum Graz, Katalog
»10 Aargauer Künstler«, Städtische Kunstkammer zum Strauhof, Zürich, Katalog
1976 »5 Aargauer Künstler«, Galerie Rotwysse Schlissel, Sarnen, Katalog
»Art argovien d'aujourd'hui«, Musée cantonal des Beaux-Arts, Lausanne, Katalog
1979 »Le dessin«, Manoir de Martigny, Katalog
1980 »Schweizer Museen sammeln aktuelle Schweizer Kunst«, Kunsthaus Zürich, Katalog
»Die andere Sicht der Dinge. Phantastik in der zeitgenössischen Schweizer Kunst«, Kunsthaus Zug, 1980 und Kunsthaus Glarus, 1980-1981, Katalog
1981 »Schweizer Kunst '70 – '80, Regionalismus/Internationalismus, Bilanz einer Haltung in der Schweizer Kunst der 70er Jahre am Beispiel von 30 Künstlern«, Kunstmuseum Luzern, Katalog
»Niklaus von Flüe 1981. Ausstellung mit 30 Schweizer Künstlern«, Museum Bruder Klaus Sachseln und Flüeli Ranft, Katalog
1982 »Le dessin suisse 1970–1980«, Exposition itinérante placée sous le patronage de Pro Helvetia, Musée Rath, Genf
1988 »Der Bund fördert – der Bund sammelt. 100 Jahre Kunstförderung des Bundes«, Aargauer Kunsthaus, Aarau, Katalog
1990 Schweizer Kunst 1900–1990 aus Schweizer Museen und öffentlichen Sammlungen«, Kunsthaus Zug, Katalog
1992 »Visionäre Schweiz«, Kunsthaus Zürich, Katalog

LITERATUR (AUSWAHL)

– «Aargauer Almanach auf das Jahr 1975«, (in zwei Bänden)
– «Aargauer Kunsthaus Aarau. Sammlungskatalog Band 2. Werke des 20. Jahrhunderts«, Aarau und Zürich 1983
– «Ilse Weber«, Luzern 1982. Mit einem Essay von Marie-Louise Lienhard
– «Ilse Weber. Americana«, Genf 1985. Mit einem Beitrag von Marie-Louise Lienhard
– «Kunst: 28 Schweizer«, Luzern 1972, von Theo Kneubühler
– «Kunst in der Schweiz 1890–1980«, Hans A. Lüthy, Hans-Jörg Heusser, Zürich und Schwäbisch Hall, 1983
– «Übersicht: Diese Kunst fördert der Kanton Aargau«, mit Texten von Max Matter, Hugo Suter, Heiny Widmer, Aarau, 1983

LEXIKA

– «Künstlerlexikon der Schweiz XX. Jahrhundert«, Frauenfeld, 1958–67
– «Lexikon der zeitgenössischen Schweizer Künstler«, Frauenfeld, 1981